한경MOOK 한경MOOK는 빠르게 변화하는 사회 흐름에 발맞춰 시시각각 현상을 분석하고 새로운 대안과 인사이트를 제시하기 위한 무크 형태 단행본을 발행하는 한국경제신문사의 새 브랜드입니다.

한경 MOOK

미 대선 판도까지 흔든 스타일링 경쟁력

성공하는 사람들의 옷차림

  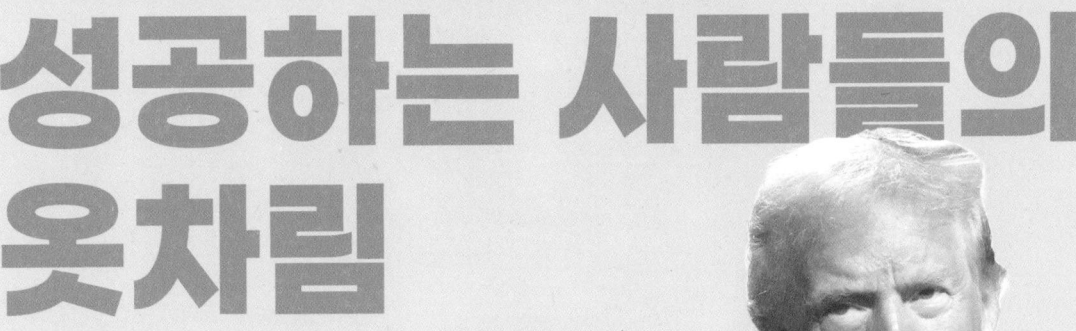

제47대 미국 대통령에 당선된 도널드 트럼프.

트럼프와의 초박빙 접전을 벌인 카멀라 해리스.

셔츠 소매를 걷어올려 열정적인 이미지를 강조했던 오바마 제44대 미국 대통령.

지금까지도 전설적인 프레젠테이션 복장으로 꼽히는 스티브 잡스 ⓒ연합뉴스

고급 블레이저와 캐주얼한 티셔츠를 매치한 스타일을 자주 선보이는 일론 머스크.

가죽 재킷이 트레이드 마크가 된 젠슨 황.

시그너처인 회색 티셔츠를 입고 '메타 커넥트 2023'에서 프레젠테이션을 하는 마크 저커버그.

Prologue

패션은 메시지다

대통령이 무대에 오를 때마다 사람들은 그의 발언을 기다린다. 그러나 입을 주목하기에 앞서 눈은 먼저 옷차림부터 탐색한다. 대통령의 패션은 단순한 스타일 문제가 아니다. 그것은 권력의 상징이자 정치적 메시지의 비언어적 표현으로, 대통령이 국민과 세계에 보내는 첫 번째 메시지다. 대통령의 옷이 어떠한지에 따라 대중은 그를 존경할 수도, 조롱할 수도 있다.

패션은 그저 겉모습이 아니다. 도널드 트럼프의 빨간 넥타이와 카멀라 해리스의 짙은 남색 슈트는 그들이 단지 옷을 입는 것이 아닌, 철저한 전략을 담아내고 있음을 보여준다. 트럼프는 붉은 넥타이와 MAGA(Make America Great Again, 미국을 다시 위대하게) 모자로 강력한 리더십을 표출했고, 해리스는 역사적 의미를 지닌 리본 달린 '푸시 보 블라우스'로 여성 리더로서 자부심을 드러냈다. 이렇듯 정치인은 각각의 스타일을 통해 자신의 정치적 정체성과 목표를 표현하며, 패션을 전략적 도구로 활용해왔다.

정치인은 패션을 통해 자기 이미지를 구축하고 전략적으로 대중의 심리를 구조화한다. 윈스턴 처칠의 볼러 모자와 시가는 전쟁 중 그의 결단력과 냉철함을 드러냈고, 마하트마 간디의 도티는 인도 독립과 자급자족의 상징이 되었다. 이들은 옷을 선택할 때 그저 잘 보이기 위한 것이 아니라 자신이 내세우고자 하는 이미지의 핵심 역할을 하길 바랐다. 강력한 리더십을 표현할 것인가? 친밀하고 소탈한 이미지를 부각할 것인가? 전 세계 대통령은 그 질문에 따라 아침마다 거울 앞에서 전략적으로 옷을 입어야 하는 위치에 있다.

패션이 지나치면 파장은 거칠어진다. 국가적 재난 현장에서 지나치게 고급스럽고 깔끔한 정장 차림을 한 대통령은 '현실을 모르는 엘리트'로 비칠 수 있다. 이러한 패션 실수는 단순히 개인의 이미지를 훼손하는 데 그치지 않고, 국가의 신뢰와 외교적 관계에도 영향을 미친다. 잘못된 옷차림 하나가 국제 무대에서 외교적 결례로 여겨질 때 그 파장은 쉽게 가라앉지 않는다.

이 책은 전 세계 대통령들이 패션을 통해 어떻게 권력과 이미지를 구축해왔는지, 또 때로는 그 패션

by_ 박영실

이 어떻게 정치적 무기로 변했는지를 탐구한다. 우리는 패션이라는 렌즈를 통해 권력의 속성과 그들이 대중에게 보내는 숨은 메시지를 들여다볼 것이다. 옷은 단순히 몸을 감싸는 천 조각이 아니다. 그것은 권력을 입고 메시지를 전달하며, 심지어 역사를 만든다. 정치인의 패션 선택은 단순한 외모나 스타일을 넘어서 그들의 정치적 메시지를 강조하고, 대중과의 소통을 극대화하는 중요한 수단으로 작용한다.

정치인이 아니더라도 자신을 설명하는 옷차림의 신중한 선택은 현시대를 살아가는 리더에게도 강력한 경쟁력이 된다. 젠슨 황은 블랙 가죽점퍼를 트레이드마크로 삼아 자신만의 시그너처 패션 스타일을 구축했다. 그의 패션은 개인적 취향을 넘어 엔비디아라는 기업과 그의 리더십을 상징하는 중요한 요소로 자리 잡았다. 삼성전자의 이재용 회장, LG그룹의 구광모 회장, 현대자동차그룹의 정의선 회장은 패션을 통해 각자의 메시지를 성공적으로 전달하며 긍정적 이미지를 구축해왔다. 이들의 패션 전략은 기업의 비전과 가치를 대중에게 효과적으로 전달하는 중요한 섬네일로 작용했다.

옷차림은 특정 상황에 맞는 개인의 옷 입는 방식에 초점을 맞추는 반면, 패션은 시대적, 문화적 흐름에 따른 스타일과 트렌드를 반영한다. 그리고 옷차림은 일상적인 맥락에서 개인의 표현이 중심이라면 패션은 더 큰 사회적, 문화적 맥락에서 변화하고 발전한다. 하지만 이 본 책에서는 이 두 용어를 혼용했다. 그 이유는 옷차림과 패션은 일상적으로 밀접하게 연결되어 있으며, 실제로 독자들은 두 개념을 명확히 구분하기보다 통합적인 맥락에서 이해하기 때문이다. 나아가 두 용어를 혼용함으로써 개인의 옷 입는 방식(옷차림)이 어떻게 시대적 흐름(패션)과 연결되는지를 자연스럽게 전달하고자 한다.

이 책이 세상에 나올 수 있도록 해주신 한경비즈니스 하영춘 대표님과 기획부터 함께하며 인사이트를 주신 이선정 본부장님, 책의 완성도를 높여주신 이민희 기자님 그리고 관계자 여러분에게 감사의 마음을 전하고 싶다. 이 책이 자신의 가치를 효과적으로 표현하고, 정치권이나 직장 내에서 더 큰 성취를 이루는 데 작은 나침반이 되기를 바란다. 패션은 단순한 옷차림을 넘어 우리 스스로를 어떻게 정의하고, 세상에 어떤 메시지를 전달할지 결정짓는 중요한 도구다. 이 책을 통해 독자 여러분이 자신만의 스타일로 자신감을 드러내고, 그 힘을 바탕으로 원하는 길을 개척해나가기를 진심으로 응원한다.

CONTENTS

012 ──── 프롤로그

016 ──── **I 대중을 흔드는 메시지, 정치인 패션 외교**

018 ──── **1. 신뢰의 상징: 대중의 심리를 흔드는 패션 정치**
- 패션 정치로 여론을 움직이다. 트럼프와 해리스의 의상 전략
- 정치적 이미지에 타격 주는 부적절한 대통령의 옷차림
- "당신 자신이 바로 메시지!"
- 진실을 입고 국민의 마음을 사로잡다
- 정치인 패션과 색상의 관계
- 정치인의 옷차림 전략, 시각적 이미지가 당락을 결정한다
- 시대적 맥락과 리더십의 바로미터, 역대 대통령 패션

등장하는 인물

도널드 트럼프, 카멀라 해리스, 존 F. 케네디, 조 바이든, 버락 오바마, 블라디미르 푸틴, 마거릿 대처, 에마뉘엘 마크롱, 볼로디미르 젤렌스키, 쥐스탱 트뤼도, 산나 마린, 시진핑, 윈스턴 처칠, 마하트마 간디, 우리나라 역대 대통령

060 ──── **2. 표현의 도구: 정치인의 시그너처 아이템**
- 패션의 두 얼굴, 해방의 도구인가, 억압의 올가미인가?
- 국가의 당대 여성 이미지를 상징하는 유일한 지위와 역할, 퍼스트레이디 패션의 중요성
- 사회적 메시지를 전달하는 문화적 아이콘, 우리나라 역대 영부인 옷차림

등장하는 인물

제임스 밴스, 팀 월즈, 우르줄라 폰데어라이엔, 카야 칼라스, 질 바이든, 힐러리 클린턴, 멜라니아 트럼프, 미셸 오바마, 재클린 케네디, 그레이스 쿨리지, 메리 토드 링컨, 테리사 메이, 찰스 3세, 무함마드 빈 살만, 존 페터먼, 니키 헤일리, 알렉산드리아 오카시오코르테스, 이방카 트럼프, 우리나라 역대 영부인

090 ──── **3. 호감의 기호: 끌리는 패션 공식**
- 대중과의 소통, 문화적 감수성, 그리고 미디어와의 관계를 고려한 정치인 패션
- 정치적 방향을 이해하는 중요한 단서, 당대표 패션
- 시대 흐름을 반영하는 패션의 기호학

등장하는 인물
클라우디아 셰인바움, 하비에르 밀레이, 키어 스타머, 낸시 펠로시, 장뤼크 멜랑숑, 조르당 바르델라, 한동훈, 이재명, 조국, 오세훈, 나경원, 추미애, 배현진, 고민정, 로버트 F. 케네디 주니어

116 II 대세를 바꾸는 리더의 파워 드레싱

118 — 1. 패션 혁신: 아이코닉한 글로벌 리더의 옷차림

- 강인함과 혁신성을 대변하는 리더의 패션

등장하는 인물
젠슨 황, 마크 저커버그, 스티브 잡스, 일론 머스크, 제프 베이조스, 악셀 뒤마, 메리 배라, 이재용, 구광모, 정의선, 정용진, 최수연, 정신아

134 — 2. 유행 창조: 패션으로 대중을 유혹하는 리더

- 패션으로 전하는 외교 메시지

등장하는 인물
케이트 미들턴, 커밀라 파커 볼스, 이부진, 로저 스톤

140 — 3. 파워 드레싱 FASHION 법칙

148 알아두면 유용한 패션 상식

- 옷 잘 입는 프로들의 스타일 공식
- 금요일 캐주얼 데이 스타일링
- 업종별 임원으로 승진했을 때의 옷차림
- 낯선 스탠딩 파티에서의 옷차림
- 패션 명언

160 — 에필로그

FASHION POLITICS

대중을 흔드는 메시지,
정치인 패션 외교

정치인의 옷차림이 정치에서 갖는 의미와 중요성,
대중의 심리를 흔드는 패션 정치

18 신뢰의 상징: 대중의 심리를 흔드는 패션 정치
60 표현의 도구: 정치인의 시그너처 아이템
90 호감의 기호: 끌리는 패션 공식

신뢰의 상징:
대중의 심리를 흔드는 패션 정치

등장하는 인물

도널드 트럼프 제45·47대 미국 대통령   카멀라 해리스 제46대 미국 부통령   존 F. 케네디 제35대 미국 대통령   조 바이든 제46대 미국 대통령

버락 오바마 제44대 미국 대통령   블라디미르 푸틴 제3~8대 러시아 대통령   마거릿 대처 제71대 영국 총리

에마뉘엘 마크롱 제25대 프랑스 대통령   볼로디미르 젤렌스키 제6대 우크라이나 대통령   쥐스탱 트뤼도 제23대 캐나다 총리

산나 마린 제46대 핀란드 총리   시진핑 현 중국 국가주석   윈스턴 처칠 제61·63대 영국 총리   마하트마 간디 전 인도 정치 지도자

우리나라 역대 대통령

패션 정치로 여론을 움직이다, 도널드 트럼프와 카멀라 해리스의 의상 전략

미국 현지 시간 기준 2024년 11월 5일, 우여곡절 끝에 도널드 트럼프(Donald Trump)가 제47대 미국 대통령으로 당선됐다. 트럼프는 미국 선거인단 538명 중 과반인 277명을 먼저 확보하며 미국 국민의 선택을 받았다. 여론조사에서 트럼프 전 대통령과 해리스 부통령은 마지막까지 초박빙의 승부를 예고했지만 여론조사에서는 잡히지 않는 '샤이 트럼프' 유권자들의 존재가 위력을 과시하면서 트럼프는 예상보다 손쉬운 승리를 거뒀다.

도널드 트럼프 미국 대통령 당선인과 카멀라 해리스(Kamala Harris) 전 부통령의 패션 전략은 외적인 스타일을 넘어 그들의 정치적 메시지와 가치를 시각적으로 전달하는 중요한 도구로 작용했다. 특히 유권자의 심리에 영향을 미치고 궁극적으로 투표 행동에 영향을 줄 수 있다는 점에서 의미가 깊다.

이번 미국 대선처럼 치열한 경쟁 구도에서는 후보자의 패션이 유권자와의 감정적 연결을 강화하고, 이미지를 구축하는 수단으로서 중요한 역할을 했다. 특히 중도층 유권자의 마음을 사로잡는 것이 핵심인 상황에서 트럼프와 해리스의 패션은 유권자에게 전하고자 하는 메시지를 명확하게 전달하는 강력한 수단이 되었다.

트럼프는 정치적 메시지와 퍼블릭 이미지를 강화하는 데 집중했다. 그의 박시한 핏의 다크 블루 슈트와 길게 맨 레드 넥타이는 미국 국기 색상을 연상케 하며 강렬한 애국심을 상징적으로 표현했다. 이러한 선택은 트럼프가 자신의 정치적 아이덴티티를 분명히 하고, 강력하고 전통적인 미국의 가치를 대표하는 인물로 자리매김하는 데 도움을 주었다. 그의 시그너처 스타일인 붉은 모자, 특히 'Make America Great Again(미국을 다시 위대하게)'이 적힌 모자는 그의 선거 캠페인의 상징적 요소로 자리 잡으며 지지자들 사이에서 단결감을 형성하는 도구로 사용됐다. 이 모자는 그의 메시지를 간단하면서도 강력하게 전달하는 수단이 되었으며, 트럼프가 전하는 강한 리더십과 변화의 메시지를 시각적으로 강조했다.

'MAGA' 전략을 모자에도 새겨 정치적 일환으로 활용했다.

해리스는 2024년 9월 10일(현지 시간 기준)에 있었던 TV 토론에서 검정 슈트와 화이트 블라우스를 선택했는데, 이는 강인함과 신뢰감을 동시에 전달하려는 의도로 해석된다. 검정 슈트는 강한 리더십과 엄숙함을 상징하고, 화이트 블라우스는 그 강인함을 완화하며 친근함과 투명성을 더해주는 역할을 한다. 해리스는 이러한 의상 선택을 통해 '검사'와 '전사'의 이미지를 부각

전 세계에서 화제가 된 트럼프와 해리스의 TV 토론 장면.

시키며, 신중하면서도 강인한 리더로서의 모습을 나타내려는 전략을 택한 것으로 분석된다.

이처럼 트럼프와 해리스가 선택한 의상과 스타일은 단순한 취향이 아니라, 정치적 메시지와 이미지를 구체적으로 나타내는 상징적 도구로 사용되었다. 두 정치인이 지금까지 패션을 통해 여론을 어떻게 조성하고, 정치적 메시지를 전달했는지 살펴보자.

트럼프의 시각적 권력, 빨간 넥타이와 MAGA 모자의 정치적 전략

트럼프의 패션 스타일은 그의 정치적 이미지와 메시지를 전달하는 데 중요한 역할을 한다. 그의 옷차림에는 일관된 스타일 공식이 존재하며, 이는 개인의 취향을 넘어선 전략적 선택임을 보여준다. 우선 트럼프는 이탈리아 럭셔리 브랜드 브리오니의 슈트를 즐겨 입는 것으로 잘 알려져 있다. 하지만 흔히 볼 수 있는 몸에 딱 맞는 유럽식 맞춤 슈트와 달리 박시한 아메리칸 스타일 슈트를 선호한다. 이는 전통적 패션 스타일을 선호하는 동시에 체형을 커버하고, 편안한 움직임을 유지하기 위한 목적을 갖고 있다. 타이트한 현대적 맞춤형 스타일과 달리 트럼프의 정장은 고전적이며 보수적인 이미지를 강조한다.

이러한 선택은 그를 좀 더 안정적이고 권위적인 인물로 보이게 하며, 전통 가치와 질서를 중시하는 그의 정치적 입장을 반영한 것으로, 현대적 트렌드를 따르기보다 전통적 리더 모습을 강조하고자 하는 것으로 보인다. 또한 다크 블루나 네이비블루 같은 전통적 색상의 슈트를 선호하는데, 이 색상은 신뢰와 자신감을 상징한다. 이는 그가 대중에게 자신을 신뢰할 수 있는 리더로 보여주기 위한 의도적 선택이다. 여기에 힘과 권력을 상징하는 빨간색 넥타이를 매치한다. 이러한 색상 조합은 트럼프가 자신을 강력한 지도자로 표현하고자 하는 전략적 접근이다.

비공식적 자리에서 트럼프의 스타일도 그의 메시지와 밀접하게 연결되어 있다. 예를 들어 골프장에서 헐렁한 바지와 타이트한 흰색 폴로셔츠를 즐겨 입으며 트레이드마크인 빨간색 MAGA 모자를 착용한다. MAGA 모자는 'Make America Great Again'의 약자로 그의 2016년 대통령 선거 캠페인 슬로건을 담고 있으며, 트럼프의 지지자들 사이에서 상징적 아이템으로 자리 잡았다. 그의 정치적 메시지를 명확하게 전달하는 이 모자는 비공식적 자리에서도 자신의 정치적 신념을 강조하는 수단으로 작용하며 일관된 정치적 태도를 잘 보여준다.

트럼프의 패션 스타일은 그의 정치적 신념, 이미지 구축과 긴밀하게 연결

골프장에서 캐주얼한 복장을 선보인 트럼프.

되어 있다. 그는 일관되게 권위와 보수성을 강조하며, 이를 통해 자신을 강력하고 신뢰할 수 있는 리더로 인지하게 만든다. 그의 옷차림은 자신을 지지하는 사람들에게 신뢰와 안정감을 전달하는 중요한 수단이다. 보수적이고 전통적인 스타일은 그가 추구하는 정치적 이념과 맞닿아 있으며, 이를 통해 자신의 정체성과 메시지를 더욱 명확하게 표현한다.

이 모든 요소를 종합하면 도널드 트럼프의 패션은 단순히 옷 입는 방식을 넘어 정치적 전략의 일환으로 작용한다. 그의 스타일은 자신의 정치적 목표와 메시지를 일관되게 유지하며, 지지자에게 강력한 이미지를 심어주는 데 중요한 역할을 했다. 전통적이고 강력한 지도자로 각인시키는 데 기여했으며, 그의 정치적 브랜드를 더욱 확고히 하는 데 일조했다.

── 앞치마 패션 정치로 대중심리 흔든 트럼프

트럼프의 맥도날드 앞치마 패션은 미국 대선 캠페인의 심리적 전략으로, 그가 대중과의 연결을 강화하고 선거에서 우위를 점하려는 목적으로 활용되었다. 이 전략은 다음과 같은 세 가지 측면에서 대중의 심리에 영향을 미쳤다. 먼저 부와 권력의 상징인 트럼프가 일상적인 노동자의 옷을 입고 일하는 모습은 그의 서민적 이미지를 강화하고, 친근한 면모를 전면에 내세웠다. 이는 그가 서민과의 깊은 유대를 갖고 있음을 가시적으로 강조하고, 평범한 유권자들 사이에서의 신뢰를 구축하는 데 힘을 실었다. 두 번째는 앞치마를 착용하고 맥도날드에서 근무하는 모습은 트럼프가 일반 대중의 일상과 직접적으로 연결되어 있음을 상징한다. 이는 그와 그의 정책에 대한 개인적 공감을 유도해 유권자들이 그와 감정적으로 연결될 수 있는 통로를 제공했다.

트럼프가 맥도날드에서 앞치마를 입고 감자튀김을 만들고 있다.

세 번째는 트럼프 자신이 진정성 있는 후보라는 이미지를 강조했다. 대학 때 맥도날드에서 아르바이트를 했다는 해리스의 발언이 근거 없는 거짓말이라는 것을 주장한 트럼프는 직접 앞치마 패션 정치를 선택하며 진정성을 보여줬다. 비전통적이며 예상치 못한 방식으로 유권자와의 접점을 찾는 역할을 한 것이다. 이 전략은 유권자들의 심리에 영향을 미치며, 그들의 선택에 영향을 미칠 수 있다고 분석된다.

── 환경미화원 조끼를 입은 트럼프

대선이 일주일도 채 남지 않았을 무렵, 트럼프가 위스콘신주 그린베이에서의 선거 유세에서 환경미화원이 착용하는 형광색 안전 조끼를 입고 등장했다. 그가 이러한 의상을 선택한 것은 노동 계층의 유권자들에게 메시지를 전달

트럼프가 선거 유세 현장에 환경미화원 조끼를 입고 등장했다.

하기 위한 전략적 접근이다. '매니큐어 효과'를 통해 소소한 디테일이 주는 인상적인 영향을 활용한 예시라고 볼 수 있다. 매니큐어 효과는 사소한 변화나 세부 사항이 전체 인상이나 효과를 극적으로 변화시킬 수 있다는 개념에서 비롯됐다.

트럼프가 환경미화원 복장을 선택한 것은 최근 미국 대선에서 발생한 쓰레기 논란과 관련 있다. 코미디언 토니 힌치클리프(Tony Hinchcliffe)가 푸에르토리코를 "떠다니는 쓰레기 섬"이라고 언급하며 시작됐다. 이 발언은 조 바이든(Joe Biden) 전 대통령이 트럼프 지지자들을 '쓰레기'라고 칭하는 실언으로 확대되었다. 트럼프는 이러한 상황을 전략적으로 활용해 환경미화원 복장을 입고 유세 현장에 등장해 몇 가지 중요한 메시지를 전하려 했다.

첫째, 형광색 안전 조끼는 눈에 띄는 시각적 요소로, 트럼프가 자신을 '일하는 사람들의 대통령'으로 포지셔닝하려는 의도를 강조한다. 이는 평범한 미국인과 노동자 계층의 연대감을 형성하려는 시도로 볼 수 있다.

둘째, 이러한 복장은 트럼프가 민주당과 바이든의 발언을 비판하며 자신과 자신의 지지자들을 희생자로 묘사하려는 전략이다. 그는 민주당이 일반 미국인의 가치와 이해를 대변하지 못한다는 인식을 강화하고자 했다.

셋째, 트럼프의 이러한 의상 선택 행동은 그가 미국 사회 내에서 논란과 대립을 자극하는 데 익숙하다는 것을 보여준다. 그는 자신의 정치적 이익을 위해 사회적 갈등을 부각시키고, 자신을 논란의 중심에 위치시킴으로써 미디어의 주목을 끌고, 유권자들 사이에서의 논의를 촉발하려고 했다.

이러한 방식으로 트럼프는 쓰레기 논란을 자신의 선거 전략에 통합하고, 유권자들에게 강력하고 기억에 남는 메시지를 전달하는 동시에 경쟁자를 공격하는 기회로 활용했다. 트럼프의 환경미화원 복장은 단순한 패션 선택을 넘어서 정치적 메시지와 전략이 집약된 의미 있는 행동이다. 이는 그가 어떻게 현장감 있는 이미지와 직설적 메시지로 일부 유권자들의 지지를 얻으려고 하는지를 보여주는 예시로, 유권자의 심리에 상당한 영향을 미쳤을 거라 예상한다. 그는 이 전략을 통해 특정 유권층과의 연결 고리를 강화하고, 정치적 메시지를 효과적으로 전달하는 방법으로 활용했다.

트럼프의 거즈 트렌드, 정치적 심벌로서의 변신

트럼프의 귀에 붙은 거즈가 패션 트렌드로 자리 잡은 사건은 패션 정치적 관점에서 매우 중요한 현상이다. 이는 의료용 붕대를 붙인 것뿐만 아니라 정치적 상징과 대중심리에 깊은 영향을 미칠 수 있다.

트럼프가 거즈를 붙인 모습으로 나타남으로써 지지자들과 결속을 강화했다.

트럼프의 거즈 부착은 그가 암살 시도 중 부상을 당했다는 사건을 대중에게 상기시켰다. 그의 지지자들이 같은 방식으로 거즈를 부착함으로써 트럼프에 대한 연대와 지지를 시각적으로 표현하고, 트럼프의 개인적 고난을 공유하며 정치적 결속력을 강화하는 역할을 했다. 집단 내 연대와 통합을 촉진하며, 트럼프의 정치적 위치를 견고하게 만들었다. 귀에 거즈를 붙인 모습은 트럼프가 직면한 위험과 그의 불굴의 의지를 강조하고, 건재함을 상징했다. 유권자에게 강한 정서적 반응을 유도하고, 시각적이고 감성적인 연대 표현은 여론조사에서 긍정적 반응으로 이어지는 데 영향을 미칠 수 있다. 트럼프의 거즈 부착과 그것이 패션 트렌드로 자리 잡은 현상은 그의 정치적 메시지 전달과 대중과의 감정적 연결 구축에 중요한 역할을 했으며, 그의 정치적 기반을 강화하는 데 기여했다고 분석된다.

해리스의 남색 슈트, 단순한 패션인가? 정치적 전략의 정점!

해리스는 2024년 미국 민주당 전당대회에서 입은 짙은 남색 팬츠 슈트를 통해 정치적 메시지와 권위, 신뢰를 시각적으로 표현했다. 우선 전당대회의 드레스 코드가 흰색인 상황에서 해리스는 짙은 남색을 선택해 청중 속에서 더욱 돋보일 수 있었다. 흰색은 여성 참정권 운동의 상징인데, 해리스는 이와 대조되는 색상을 선택함으로써 자신이 중심인물임을 강조했다. 짙은 남색은 전통적으로 차분함·신뢰·성찰을 상징하는 색상이며, 권력자들이 자주 선택하는 색이다. 해리스는 이 색상을 통해 자신의 권위와 지성을 드러내며, 유권자에게 신뢰감을 주고자 했다. 특히 대통령 후보로서 리더십과 결단력을 시각적으로 잘 표현한 선택이었다.

2024년 8월에 진행된 민주당 전당대회에서의 카멀라 해리스.

해리스가 입은 블라우스 또한 중요한 의미를 지닌다. 1960~1970년대 여성이 사회에 진출하면서 넥타이를 대체한 *푸시 보 블라우스로, 역사적으로 여성의 사회 진출과 페미니즘을 상징해왔다. 또한 마거릿 대처 전 영국 총리 이후 이 블라우스는 여성 권력의 상징으로 자리 잡았다. 해리스는 이를 통해 여성 권력자로서 자부심을 드러낸 것이다. 해리스는 전당대회 첫날에도 같은 브랜드의 황갈색 팬츠 정장을 입어 자신이 선호하는 브랜드와 스타일을 일관되게 유지하고 있음을 보여주었다. 〈워싱턴 포스트〉는 해리스의 의상 선택이 패션보다는 업무에 집중하기 위한 실용적 선택일 수도 있다고 평가했다.

해리스가 선택한 의상이 프랑스 브랜드 끌로에 제품이라는 점도 주목받았다. 이 때문에 미국 디자이너의 제품을 선택하지 않았다는 비판이 제기될 수도 있지만, 과거 남성 정치인도 해외 디자이너의 옷을 자주 입었음에도 별

푸시 보 블라우스란?

블라우스의 목둘레를 긴 리본으로 묶어 연출한 옷이다. 가벼운 실크·시폰 소재로 만드는데, 블라우스나 정장 스타일링에 함께 착용해 여성스럽고 우아한 느낌을 자아낼 때 많이 사용된다.

다른 이슈가 되지 않았다는 점을 고려할 때 큰 문제가 되지 않는다. 오히려 그의 정치적 메시지가 국제적 시각을 담고 있음을 보여줄 수 있기 때문이다.

해리스의 옷장 속 정치, 테일러드 슈트로 전하는 권력과 통합의 메시지

오바마 전 대통령의 베이지 슈트를 연상케 한 해리스의 베이지 셋업.

2024년 8월, 시카고에서 열린 민주당 전당대회에서 해리스는 피크드 라펠의 투 버튼 브라운 팬츠 슈트와 아이보리 리본 블라우스를 매치했다. 이 조합은 그의 여성성과 권력 그리고 역사적 배경을 모두 아우른다. 우선 여성의 권한 강화를 상징하는 브라운 팬츠 슈트는 그의 리더십을 나타내는 상징적 의상으로 자리 잡았으며, 이는 해리스의 정치적 메시지와 자연스럽게 연결된다.

아이보리 리본 블라우스는 전통적으로 여성스러움을 드러내는 요소로, 해리스는 이를 과감히 선택해 여성성과 강력한 리더십의 조화를 강조했다. 이는 해리스가 여성의 권리와 신체적 자율권을 적극적으로 옹호해온 점과도 맞닿아 있다. 그의 패션 선택은 보수적이거나 엄격한 정치적 틀을 넘어 다양한 여성의 가치를 포용하는 리더십을 상징한다.

또한 이 패션은 2014년 오바마 전 대통령의 베이지 슈트 논란을 재치 있게 상기시킨다는 분석도 있다. 당시 오바마는 베이지 슈트를 입고 중동 문제를 논의했는데, 이로 인해 논란이 일었다. 해리스는 과거의 이 사건을 떠올리게 함으로써 사소한 문제를 크게 부풀려 정치적 무기로 삼는 현 정치 환경에 대한 풍자를 담았다는 분석도 있다. 이로써 해리스는 단순히 과거를 언급하는 데 그치지 않고, 자신이 오바마의 정치적 유산을 계승하겠다는 메시지를 전달했다는 해석도 흥미롭다.

해리스의 패션 전략은 그의 연설과 일관되게 미국의 미래를 재설계하고자 하는 의지와 포용적 리더십을 나타내는 동시에 강한 정치적 발언을 담고 있다. 이는 해리스의 대선 캠페인을 강력하고 상징적으로 시작하는 출발점이 되었고, 그의 리더십에 대한 기대감을 불러일으켰다.

해리스는 패션을 통해 자신의 정치적 메시지를 전달하는 데 매우 정교한 접근을 취해왔다. 그의 시그너처 스타일인 테일러드 바지 정장은 해리스의 정치적 아이덴티티를 확립하는 데 중요한 역할을 했다. 이 스타일은 해리스가 여성 리더십과 권위를 표현하는 동시에 지나치게 여성스러움을 드러내지 않으면서도 프로페셔널하고 강인한 이미지를 전달하기 위해 선택한 것이었다. 이러한 패션 전략은 그가 정치 무대에서 신뢰성과 전문성을 강조하는 데 도움을 주었다.

그의 의상에서 색상은 또 다른 중요한 요소였다. 그는 자주색 정장을 자주 입었는데, 이는 긍정적 변화를 상징하면서도 전통적 정치 색상 구도에서 벗어나 미국 사회의 분열을 극복하고 통합을 이루고자 하는 메시지가 담겨 있다.

—— **사치스럽지 않으면서 품격 높이는 진주 시그너처 스타일**

해리스의 진주 액세서리 스타일은 그의 이미지를 구축하는 중요한 요소 중 하나다. 특히 대학 시절부터 진주를 시그너처 아이템으로 활용해온 해리스는 공식 석상에서도 다양한 진주 주얼리를 착용하며 일관된 이미지를 유지해왔다. 진주는 고전적 우아함을 상징하며, 정치인으로서 신뢰감을 주는 도구로 작용한다. 이는 매들린 올브라이트(Madeleine Albright) 전 국무장관의 브로치나 크리스틴 라가르드(Christine Lagarde) 유럽중앙은행 총재의 스카프와 같은 효과를 발휘한다.

진주 목걸이는 해리스의 이미지를 구축하는 데 중요한 요소가 됐다.

해리스는 종종 진주 목걸이와 귀걸이를 함께 매치해 격식을 갖춘 룩을 연출한다. 그의 진주 주얼리는 주로 활동적인 슈트와 함께 어우러지며, 프로페셔널한 이미지를 강화한다. 해리스는 대학 시절을 회상하며 "진주는 언제나 내게 자신감을 주었다. 중요한 순간마다 착용하면 차분함과 결단력을 느낄 수 있었다"고 말한 바 있다. 그의 패션 스타일은 전통과 현대를 결합한 모습을 보여주기도 한다.

해리스는 "진주는 고전적 아름다움과 현대적 세련미를 동시에 지니고 있다. 이는 나의 정체성과도 잘 맞아떨어진다"고 설명했다. 이러한 진주 패션 방식은 그가 미국 사회의 다양한 유권자층에 다가가는 데 도움이 된다. 사치스럽지 않으면서도 품격을 유지하며, 정치인으로서 그의 이미지에 큰 영향을 미친다. 그는 "패션은 단순한 외모 이상의 것이다. 이는 내가 누구인지, 무엇을 중요하게 생각하는지를 보여주는 도구다"라고 강조했다. 해리스의 진주 패션은 그의 강인함과 우아함을 동시에 표현하며, 그의 정치적 메시지와 일치한다.

특히 해리스는 대선을 앞두고 진주와 함께 금목걸이를 자주 착용했는데, 여기에는 여러 가지 의미가 있다. 진주와 금은 각각 고유한 상징성을 지니고 있다. 진주는 전통적으로 여성성·지혜·우아함을 상징하며, 금은 권력·안정성·신뢰를 표현한다. 해리스는 이 두 가지를 결합함으로써 자신이 추구하는 리더십 스타일을 더욱 잘 표현하려는 의도가 담겨 있다.

—— **거리와 권력의 경계를 넘나드는 신발 정치학**

해리스는 공식적인 자리에서도 종종 컨버스 스니커즈와 팀버랜드 부츠를 착

해리스가 2020년 9월 캘리포니아 산불 피해 지역을 방문한 모습.

용한다. 이러한 신발을 선택하는 것은 해리스가 대중과의 거리를 좁히려는 친근한 이미지를 전달하려는 의도로 분석된다. 특히 해리스가 캘리포니아 산불 피해 지역을 방문할 때 팀버랜드 부츠를 신고 현장을 둘러보는 모습은 그가 단순한 정치인이 아니라, 현장에 직접 나서서 문제를 해결하려는 실천적 리더라는 메시지를 전달했다.

컨버스 스니커즈 역시 해리스의 상징적 아이템으로 자리 잡았다. 그는 선거운동 중 'Black Joy', 'Stop Hate', 'Love 2020' 같은 문구가 적힌 핀을 컨버스에 부착해 단순한 패션을 넘어 보다 직접적인 정치 메시지를 전달했다. 이러한 선택은 해리스가 대중과의 공감대를 형성하고, 정치적 견해를 친근하게 전달하는 전략의 일환으로 풀이된다.

변화하는 여론과 함께 진화하는 패션 전략

트럼프와 해리스 모두 변화하는 여론에 맞춰 패션 전략을 유연하게 조정해왔다. 트럼프의 패션은 일관되게 유지되면서도 미묘한 변화를 보였다. 클래식한 빨강, 파랑, 흰색 넥타이를 착용하며 보수적 이미지를 강화했다. 이러한 색상은 그의 지지층과 직접적으로 연결되는 애국심과 안정성을 상징한다. 하지만 2024년 대선에 접어들면서 그의 의상이 약간 변화했다. 이전보다 날렵해진 실루엣과 중립적 색상을 선택해 자신의 이미지를 다듬고, 보다 신뢰감을 주는 모습을 연출하고자 했다.

제47대 미국 대통령으로 당선된 트럼프. 클래식한 색상의 넥타이를 고수했지만, 슈트 핏은 미묘하게 변화해왔다.

트럼프의 패션 전략은 2016년부터 본격적으로 정치적 메시지를 효과적으로 전달하기 위한 중요한 수단으로 사용되었다. 그는 다양한 유권자층에 접근하기 위해 패션을 전략적으로 활용했는데, 지지율이 낮을 때에는 블루 칼라 계층과 농촌 지역의 유권자들을 만나기 위해 종종 캐주얼한 복장을 선택했다.

예를 들어 그의 지지율이 하락한 시기인 2017년 초, 그는 이러한 지역에서 골프 셔츠 같은 캐주얼 차림으로 등장해 자신을 '일반 사람과 같은' 소탈한 이미지로 보여주려 했다. 이는 그가 전통적 지지층과의 유대를 강화하고, 보다 친밀한 이미지를 전달하기 위한 전략이었다. 플로리다나 미시간에서 열린 집회에 참석한 트럼프는 이러한 캐주얼 차림을 통해 유권자들과 거리감을 줄이고, 친근함을 전달해 더욱 가까워지려는 모습을 보였다. 이처럼 트럼프의 패션 선택은 단순한 외모를 넘어 정치적 이미지 형성과 유권자와의 관계 구축에 중요한 역할을 했다. 그때그때 상황에 맞게 패션을 조정하며 이를 전략적으로 활용해왔고, 이는 그의 정치적 성공에 기여했다.

해리스 역시 대선 후보가 된 이후에 패션 전략을 변화시켜왔다. 대선 후보가 되기 이전인 부통령 당시에는 주로 실용적이고 일상적 스타일을 유지하면서도 중요한 순간마다 상징적이고 의미 있는 의상을 선택했다. 주로 검은색이나 짙은 네이비 슈트를 자주 입은 그의 스타일은 실용적이면서도 친근함을 강조했다.

2024년 대선 후보로 공식 출마한 이후 해리스는 패션을 보다 전략적으로 이용하기 시작했다. 패션 전략은 단순한 스타일을 넘어 정치적 포지셔닝과도 연결된다. 그는 중립적 색상을 주로 사용하면서도 때로는 강렬한 색상을 선택해 다양한 유권자층과 소통하려 했다. 이런 변화는 그가 미국 최초의 흑인-아시아계 여성 부통령으로서 정치적 아이덴티티를 반영하면서도 실용성과 스타일을 조화시킨 결과다.

정치적 메시지와 대중적 반응의 균형 및 조화가 관건

트럼프와 해리스는 정치 무대에서 패션을 전략적으로 활용해 대중에게 메시지를 전달하는 방법을 잘 알고 있는 인물들이다. 트럼프는 길게 맨 빨간 넥타이와 모자로 강렬함과 결단력을 드러내는 반면, 해리스는 때때로 역사적 의미를 담은 의상을 선택해 사회적 메시지를 상징적으로 전달한다. 두 사람 모두 패션을 통해 전달하는 메시지 파워를 잘 알고 있다. 트럼프의 패션 선택은 강력한 리더십 이미지를 구축하는 데 도움이 되었지만, 일부에게는 과장된 자아를 드러내는 것으로 비칠 수 있다. 해리스는 보다 포용적이고 연대감을 강조하는 패션을 선택하지만, 일부 보수층에게는 정치적 올바름을 과시하는 것으로 비판받을 수 있다.

결국 정치인은 모두 패션을 통해 메시지를 전달하는 과정에서 대중의 다양한 반응을 고려하며, 균형과 조화를 이루는 것이 관건이다. 이는 그들의 정치적 정체성과 공약을 어떻게 시각적으로 표현할 것인가에 대한 복잡한 전략의 일환이다. 정치인에게 패션은 총보다 강한 무기가 될 수 있기 때문이다.

정치적 이미지에 타격 주는 부적절한 대통령의 옷차림

특정 상황에서 대통령의 부적절한 옷차림은 그 분위기를 충분히 이해하지 못하고 있다는 인상을 준다. 예를 들어 재난 현장에 지나치게 정장 차림으로 나타나는 것은 대통령이 현장 상황을 충분히 이해하지 못하고 있다는 비판을 받을 수 있다. 세계적으로 논란이 된 대통령의 옷차림 사례를 간단하게 살펴보자.

파격적이었던 테리사 메이 총리의 가죽 바지.

메이의 가죽 바지

2016년 7월부터 2019년 7월까지 영국의 총리를 역임한 테리사 메이(Theresa May)는 2016년 입은 가죽 바지로 인해 논란에 휩싸였다. 당시 메이는 어맨다 웨이클리(Amanda Wakeley) 디자이너의 가죽 바지를 입고 〈선데이 타임스〉와의 인터뷰에 나섰다. 이 바지는 당시 995파운드(약 1200달러) 정도로 상당히 고가였으며, 이로 인해 메이가 일반 국민과 동떨어져 있다는 비판을 받았다. 메이는 이러한 비판에 대해 자신은 "다양한 계층의 사람을 만나며 국민을 위한 나라를 만들기 위해 노력하고 있다"면서 "정치인은 외부 활동을 하며 다양한 사람을 만나는 것이 중요하다"고 말했다. 하지만 이 사건은 당시 보수당 내 갈등을 부각시키는 계기가 되었으며, 메이와 니키 모건(Nicky Morgan) 간의 논쟁은 단순한 패션 문제를 넘어 정치적 갈등으로 비화되기도 했다.

트뤼도는 인도 방문 당시 입은 전통 의상이 부자연스럽다는 비판을 받았다.

트뤼도의 인도 방문 시 전통 의상

2018년 캐나다 총리 쥐스탱 트뤼도(Justin Trudeau)의 인도 방문은 그의 전통 의상 선택으로 논란이 되었다. 트뤼도와 그의 가족은 인도 방문 중 여러 차례 인도 전통 의상을 입었는데, 이는 인도 현지인에게 과장되고 부자연스럽게 보였다. 이로 인해 트뤼도는 문화적 존중을 넘어선 코스튬 플레이를 했다는 비판을 받았다.

특히 트뤼도는 골드 셰르와니(sherwani)와 모즈리(mojri) 신발을 포함한 화려한 인도 전통 의상을 자주 입었으며, 그의 아내와 자녀도 각각 전통 사리와 레헨가(lehenga), 셰르와니를 입었다. 이러한 복장은 볼리우드 스타들과의 만남에서 특히 눈에 띄었는데, 당시 볼리우드 스타들은 상대적으로 평범한 슬랙스와 재킷을 입고 있었다.

인도의 잠무 카슈미르주 전 수상 오마르 압둘라(Omar Abdullah)는 트위터를 통해 '우리는 매일 이런 옷을 입지 않는다'며 트뤼도의 의상 선택을 비판했다. 많은 인도인도 이 의견에 동의하며 트뤼도의 의상이 지나치게 연출된 것 같다고 지적했다. 트뤼도의 지난 인도 방문은 결국 외교적 성과보다는 그의 의상으로 인해 더 많이 회자되었다는 평가를 받았다. 이처럼 트뤼도의 인도 방문 시 전통 의상 선택은 현지 문화에 대한 존중의 표현으로 시작되었으나, 과도한 연출로 오히려 비판의 대상이 되었다.

베를루스코니의 선글라스

실비오 베를루스코니(Silvio Berlusconi)는 이탈리아의 전 총리로, 공식 행사에서 선글라스를 착용하고 등장해 많은 비판을 받았다. 2003년 유럽의회에서 연설할 때 선글라스를 쓴 그의 모습은 많은 이에게 진지하지 못한 태도로 비쳤다. 특히 이 연설 중 독일 의원과의 논쟁에서 '나치 수용소의 간수'라고 언급하며 논란을 일으킨 적이 있다. 또한 2009년 G20 회의에서도 선글라스를 착용한 채 미국의 버락 오바마 대통령과 만나 '그는 젊고 잘생기고… 햇볕에 그을렸다'라고 말해 인종차별 논란을 일으켰다. 이러한 행동들은 그의 정치적 이미지에 큰 영향을 미쳤고, 진지하지 못하며 무례하다는 비판을 받게 만들었다.

유럽의회에서 선글라스를 착용한 이탈리아 베를루스코니 전 총리.

메르켈의 비치는 블라우스와 너무 긴 통바지

당시 독일 연방 총리이던 앙겔라 메르켈(Angela Merkel)이 2008년 4월 오슬로 오페라하우스 개관식에서 깊게 파인 비치는 블라우스를 입어 많은 주목을 받았다. 이는 공식 자리에서 보기 드문 스타일이었기 때문에 논란이 되었다. 그리고 2013년 버락 오바마 당시 미국 대통령을 만날 때 입은 너무 긴 통바지 역시 논란을 불러일으켰다. 당시 언론으로부터 바지가 너무 길고 신체 비율에 맞지 않는다는 비판을 받았다. 〈포브스〉 또한 그의 스타일을 '철 지난 옷'이라고 평했다. 이 사건은 메르켈의 이미지에 큰 타격을 줬다. 왜냐하면 그동안 메르켈은 대체로 실용적이고 안정적인 패션 스타일을 유지해왔고, 이는 그의 정치적 이미지와 일치한다는 평가를 받았기 때문이다.

오바마를 만났던 앙겔라 메르켈은 자신과 어울리지 않는 바지를 입어 큰 비판을 받았다.

카스트로의 아디다스 운동복

1959년 쿠바 혁명을 통해 정권을 잡았으며, 이후 수십 년 동안 쿠바를 사회주의국가로 이끈 피델 카스트로(Fidel Castro)는 2015년 쿠바에서 교황을 맞이할 때 파란색 아디다스 운동복을 입고 나와 비판을 받았다. 이는 그의 정치적 이념과는 대조적으로 자본주의 브랜드를 선택했기 때문이다. 이 사건 이후 카스트로는 다양한 매체에서 '가장 옷을 못 입는 정치인' 중 한 명으로 선정되기도 했다. 그의 운동복 선택은 편안함을 추구한 것이었으나, 중요한 외교적 만남에서 부적절한 옷차림으로 간주되며 여러 매체에서 비판의 대상이 되었다. 이러한 패션 선택은 그의 오래된 군복 스타일에서 벗어나려는 시도로 보는 견해도 있지만, 결과적으로 상황에 어울리지 않는 옷차림이었다.

교황을 만났을 때 아디다스 저지를 입어 비난받은 피델 카스트로.

길게 맨 넥타이를 선호하는 트럼프.

트럼프의 길게 맨 넥타이

트럼프의 패션은 그의 독특한 성격과 일치한다. 트럼프는 넥타이를 일반적 길이보다 길게 매는 것을 선호하는데, 이는 시각적으로 한층 파워풀해 보이는 효과를 발휘하면서도 슬림해 보이는 착시 효과를 위한 의도로 분석된다. 외신 보도를 보면 넥타이를 고정하기 위해 테이프를 사용하기도 했다는데, 이는 바람이 불 때 넥타이가 날리는 것을 방지하려는 것이라고 전해진다.

트럼프의 자신감 넘치는 태도는 그의 패션에서도 잘 드러난다. 하지만 이러한 패션 스타일은 많은 주목을 받으며 논란을 일으키고, 그를 팬과 안티팬 모두에게 이슈의 중심에 서게 한다. 트럼프의 패션은 여전히 많은 사람의 관심을 받고 있다.

똑같은 스웨터를 입고 8개국을 순방한 볼리비아 전 대통령.

모랄레스의 스트라이프 스웨터

볼리비아 다민족국 제65대 대통령이던 에보 모랄레스(Evo Morales)는 그의 패션 선택, 특히 스트라이프 스웨터로 집권 중에 많은 주목을 받았다. 볼리비아 최초의 인디오 출신 대통령인 모랄레스는 공식 석상에서 전통적 정장이 아닌 알파카 울로 만든 전통 스웨터를 착용했다. 이는 남미 안데스 산간지대의 낙타과 동물인 알파카의 털로 만든 고급 의상으로, 남미 인디오 계층에서는 중요한 의미를 지닌다.

하지만 모랄레스는 당시 대통령에 당선된 이후 8개국을 순방하면서 후진타오(Hú Jǐntāo) 중국 국가주석, 자크 시라크(Jaques Chirac) 프랑스 대통령, 후안 카를로스(Juan Carlos) 스페인 국왕, 타보 음베키(Thabo Mbeki) 남아프리카공화국 대통령과의 회담에서 계속 같은 스웨터를 입으면서 논란이 되었다. 이러한 '스웨터 외교'는 신선하다는 평가와 외교 의전에 맞지 않는다는 비판이 엇갈렸다.

연설 내용과 어울리지 않는다 하여 비난받은 오바마의 베이지 슈트.

오바마의 베이지 정장

2014년 8월 28일, 버락 오바마(Barack Obama) 전 미국 대통령은 시리아의 이슬람 국가(ISIS)에 대한 미국의 군사적 대응을 확대할 가능성에 대해 논의하는 생방송 기자회견을 가졌다. 이 회의에서 오바마는 이례적으로 밝은 톤의 베이지 정장을 입었는데, 심각한 테러리즘 주제에 어울리지 않는 너무 가벼운 옷차림이라는 논란을 낳았다.

아마디네자드의 후줄근한 옷

2005년부터 2013년까지 이란의 대통령을 역임한 정치인 마무드 아마디네자드(Mahmoud Ahmadinejad)는 대통령 재임 기간 동안 저렴해 보이는 재킷과 후줄근한 티셔츠를 자주 입었다는 평을 받았다. 아마디네자드의 이러한 평범한 옷차림은 그의 정치적 메시지를 보강하려는 의도로 해석될 수 있다. 그는 대중과의 연결을 강조하고, 서민적 이미지를 통해 국민의 지지를 얻으려 했다. 하지만 이러한 옷차림은 외모적 측면에서 자주 비판받았다. 외신들은 그의 옷차림이 국제 무대에서 이란의 이미지를 손상시킬 수 있다고 주장하기도 했다.

이 밖에 독특한 옷차림으로 논란이 된 대통령

앞의 사례 말고도 바람직하지 못하거나 독특한 옷차림으로 논란이 된 대통령들이 있다. 우고 차베스(Hugo Chavez) 전 베네수엘라 대통령은 빨간색으로 도배된 의상 스타일로 유명했다. 그는 빨간색이 혁명을 상징한다고 설명했지만, 그의 의상은 시각적으로 과하다는 비판을 받았다.

무아마르 카다피(Muammar Qaddafi) 전 리비아 지도자의 패션도 과하다는 평가를 받았다. 그는 황금색 의상이나 무지개색 실크 의상을 입고 공식 석상에 나타나곤 했다. 〈타임〉은 그의 옷을 두고 '정신 상태를 의심케 하는 미친 옷'이라며 비꼬았다.

하토야마 유키오(Yukio Hatoyama) 전 일본 총리는 빨간색 하트 무늬 셔츠와 핑크색 재킷을 입어 논란이 됐다. 일본 언론들은 그의 의상이 모든 시선을 끌었다고 보도했다. 블라디미르 푸틴 러시아 대통령은 상반신을 자주 노출하는 스타일로 옷을 못 입는 정치인으로 선정된 바 있다. 이들의 옷차림은 각기 다른 이유로 주목받았으며, 종종 그들의 정치적 이미지를 해치는 요소로 작용했다.

따라서 대통령은 항상 상황에 맞는 적절한 옷차림을 선택하는 것이 아주 중요하다. 이는 대통령의 개인 이미지와 국가의 이미지 모두에 긍정적 영향을 미칠 수 있기 때문이다.

후줄근한 복장으로 비난받은 이란 전 대통령.

Fashion Politics

패션 정치란

대통령의 패션 정치가 중요한 이유는 크게 세 가지로 나눌 수 있다.

첫째, 패션은 전문성과 신뢰를 나타내는 중요한 요소로서 존재한다. 정교하고 깔끔한 정장은 대중에게 신뢰감을 줄 수 있고, 정치인이 권위 있는 역할을 수행하고자 하는 의지를 보여준다. 이는 정치인이 자신의 업무에 대한 책임감과 진지함을 시사한다.

둘째, 패션은 접근성과 친근함을 표현하는 수단으로 활용될 수 있다. 캐주얼한 의상 선택은 대중과의 소통을 강조하는 것으로 해석될 수 있다. 편안해 보이는 셔츠나 가벼운 재킷은 정치인이 대중과의 연결 고리를 강조하고자 할 때 선택되는 옷차림이다. 이는 대중과의 소통과 상호 작용을 촉진하며, 친근하고 접근 가능한 이미지를 구축하는 데 도움이 된다.

셋째, 패션은 상징적 메시지를 전달하는 수단으로 활용될 수 있다. 특정한 색상 또는 디자인의 선택은 정치인의 정치적 가치나 이념을 나타낼 수 있다. 예를 들어 국가색, 특정한 문구가 새겨진 의상은 정치인의 애국심이나 이념을 강조하는 데 사용될 수 있다.

이러한 점들을 종합적으로 고려할 때, 대통령을 비롯한 정치인들의 패션 선택은 대중의 호감과 믿음을 사는 중요한 전략적 요소로서 존재한다. 패션은 정치인의 이미지를 형성하고, 대중과의 관계를 유지하며, 정치적 메시지를 전달하는 데 중요한 역할을 한다. 이를 통해 대중은 정치인을 보다 친근하게 인식하고, 신뢰를 가질 수 있으며, 이는 정치인의 선거적 성과에도 직접적인 영향을 미칠 수 있다.

정치와 패션은 겉으로는 무관해 보이지만, 역사적으로 두 분야는 긴밀한 관계를 맺어왔다. 정치인들이 자신의 메시지를 효과적으로 전달하고, 대중의 마음을 사로잡기 위해 의도적으로 패션을 이용하는 것을 '패션 정치(Fashion Politics)'라고 한다.

"당신 자신이 바로 메시지!"

정치 저널리즘의 고전이라 불리는 조 맥기니스(Joe McGinniss)의 저서 〈대통령을 팝니다(The Selling of the President)〉(1988)에는 '의도적으로 창출된 후보의 이미지가 선거에서 당락에 중대한 영향을 미친다'는 내용이 나온다. 대통령의 이미지셰이커(image-shaker) 로저 에일스(Roger Ailes)는 "당신 자신이 바로 메시지!"라고 말한 바 있다. 이렇듯 패션을 통한 이미지는 정치제도와 시스템, 정치인의 당락까지 결정한다. 정치 커뮤니케이션 과정에서 패션을 통한 이미지 선거로 실용적인 정책 선거가 사라지고 있다는 비판적 시각도 없지 않다. 하지만 다양한 경로의 수많은 정보가 범람하는 현대 미디어 정치 환경에서 패션을 통한 이미지는 유권자들이 복잡한 정치 관련 정보를 이미지 형태로 요약해서 효율적으로 처리할 수 있게 하는 긍정적 역할을 한다는 사실도 무시할 수 없다.

패션 전략으로 대통령이 된 존 F. 케네디

'PI(Presidential Identity)' 또는 '대통령 정체성'은 대통령이 자신의 정치적 신념, 개인적 특성, 리더십 스타일, 윤리적 가치 등을 대중에게 얼마나 잘 전달하는지를 의미한다. PI는 대통령의 인기와 권력, 그리고 정책에 대한 지지도에 직접적으로 영향을 미치며, 대통령이 자신의 비전과 방향성을 대중에게 효과적으로 전달하고 신뢰를 쌓는 데 중요한 역할을 한다. 이 PI 개념은 1960년 미국 대통령 선거에서 리처드 닉슨(Richard Nixon)과 TV 토론을 통해 맞붙은 존 F. 케네디(John F. Kennedy) 때부터 본격화되었다고 해도 과언이 아니다.

케네디는 당시 정치 경험이 부족했지만, TV 토론에서 닉슨을 시각적으로 압도하면서 큰 반향을 일으켰다. 닉슨은 상원의원 경력과 데이비드 아이젠하워(David Eisenhower) 대통령 밑에서 8년간 부통령으로 일한 정치계의 거물이었지만, 옷차림 등 이미지 관리에는 소홀했다. 그는 회색빛 수트와 근엄한 표정, 처진 어깨, 땀 흘리는 모습으로 흑백 TV 화면에서 쇠약한 이미지를 전달했다. 반면, 케네디는 당시 흑백 TV 특성을 감안해 흐린 배경 색과 대비되는 짙은 색 수트를 선택하는 등 건강한 이미지를 연출했다. 케네디는 사전에 철저한 연습을 통해 이러한 시각적 어필을 준비했고, 이를 통해 '뉴프런티어'라는 신선하고 진취적인 PI 이미지를 구축해 성공적으로 대중에게 어필했다.

패션 정치의 중요성을 알린 존 F. 케네디와 리처드 닉슨의 TV 토론 장면.

1960년 당시 미국 유권자들에게 시어도어 루스벨트(Theodore Roosevelt), 해리 트루먼(Harry Truman), 아이젠하워(Dwight Eisenhower) 등 고령의 대통령들은 식상해져 있었고, 젊고 건강한 케네디의 뉴프런티어 전략에 큰 호응을 보였다. 이로써 케네디는 제35대 대통령에 당선되었다. PI 전략은 이후 미국뿐 아니라 다른 나라에서도 대통령 및 리더들의 성공과 지지도를 분석하고 해석하는 데 중요한 요소로 자리 잡았다. PI 개념은 정치인의 이미지나 브랜드 마케팅과도 밀접하게 관련되어 있으며, 높은 수준의 대중적 정체성을 구축하면 선거에서 성공적 결과를 가져온다는 것을 보여준다.

케네디의 사례는 정치인의 패션과 시각적 이미지가 정치적 메시지를 전달하는 데 얼마나 큰 영향을 미치는지 잘 보여준다. 케네디는 할아버지의 할리우드 영화 사업과 자신의 기자 경험을 바탕으로 TV 매체에서 이미지의 중요성을 인식했고, 유권자에게 신뢰와 역동성을 전달할 수 있는 패션과 자세를 철저히 관리했다.

결과적으로, 유권자는 복잡한 정책보다는 직관적으로 인식할 수 있는 시각적 이미지에 큰 영향을 받으며 후보자를 판단한다. 정치인은 이러한 점을 인지해 자신의 이미지와 패션을 전략적으로 관리하고, 자신의 장점을 부각시키며 '신뢰할 만한 후보'라는 인식을 유권자에게 심어주려 노력한다. 이처럼 케네디의 사례는 정치적 이미지를 구축하는 데 패션을 통한 PI 전략이 얼마나 중요한지 보여준다.

클래식하고 전통적인 미국 정치인의 옷차림 전형, 조 바이든

민주당 전당대회에서 시그너처인 블루 타이를 매치한 조 바이든.

2024년 민주당 전당대회에서 조 바이든 대통령은 전통적인 다크블루 슈트에 깔끔한 흰 셔츠, 그리고 시그너처 블루 타이를 매치한 패션을 선보이며 해리스에게 상징적 리더십 이양을 표명했다. 이 옷차림은 그의 진중한 연설 분위기와 잘 어울리면서 자신의 정치적 위상을 드러냈다. 특히 세련되게 정돈된 넥타이 연출이 돋보이는 V존과 슈트 소매 밑으로 깔끔하게 나온 화이트 셔츠 소매는 품격을 더했다.

바이든은 제46대 미국 대통령 취임식에서 다크 네이비블루 색상의 양복을 입었는데, 이 양복은 미국 디자이너 랄프 로렌의 제품이었다. 이 선택은 전통과 현대성을 결합한 세련된 스타일을 잘 보여준다. 그의 슈트는 핏이 섬세하게 잘 맞고 고급스러운 원단으로 제작해 품격을 더했다. 양복 재킷 안에는 흰색 셔츠를 입고, 블루 톤의 넥타이를 매치해 전체적으로 색상의 조화를 이뤘다. 넥타이는 심플하면서도 클래식한 디자인으로, 바이든의 차분하고 신뢰감을 주는 이미지를 강조했다.

　이처럼 바이든은 클래식하면서도 실용적인 스타일에 주로 네이비 슈트를 입고, 때로는 블랙이나 밝은 톤 슈트를 선택하기도 한다. 그의 슈트는 대부분 델라웨어 윌밍턴의 로컬 테일러 숍 라이트 앤드 사이먼(Wright & Simon)에서 맞춤 제작한 것으로 알려져 있으며, 날씬하고 키 큰 그의 체형을 돋보이게 한다. 이러한 슈트는 깔끔하고 정제된 이미지를 심어주며, 전임 대통령인 도널드 트럼프의 박시한 1980년대 스타일과 대비된다. 트럼프는 이탈리아 럭셔리 브랜드 브리오니의 슈트를 즐겨 입었지만, 바이든은 보다 슬림하고 현대적인 핏을 선호한다.

　바이든은 주로 잘 관리한 블랙 가죽 구두를 착용하면서 공식적인 자리에서 격식을 제대로 갖춘다. 바이든의 옷차림은 전통과 품위를 중시하면서도 세련된 스타일을 유지해 역사적으로 중요한 순간에 그의 리더십과 성숙함을 돋보이게 했다. 그는 대통령으로서 역할을 충실히 수행하는 동시에 국민에게 신뢰를 줄 수 있는 옷차림으로 이미지를 성공적으로 구축해왔다.

주로 슬림한 핏의 슈트를 입는 조 바이든.

―― 에비에이터 선글라스부터 가죽 재킷까지, 바이든의 타임리스 쿨 스타일

바이든의 스타일 아이템으로는 *레이밴 에비에이터 선글라스가 유명하다. 이 선글라스는 바이든의 시그너처 아이템으로, 그의 캐주얼하고도 자신감 넘치는 이미지를 완성한다. 또한 롤렉스와 오메가 시계를 갖고 있는 바이든은 특히 오메가 스피드마스터 문 워치와 오메가 씨마스터 다이버 300M을 즐겨 착용하는 것으로 알려졌는데, 이는 실용적이면서도 견고한 이미지를 만들어준다.

　바이든은 정장뿐만 아니라 캐주얼 룩에서도 독특한 스타일을 보여준다. 그는 가죽 폭격기 재킷, 데님 셔츠, 그리고 다양한 패턴의 양말을 즐겨 착용한다. 가죽 재킷은 미국의 아이콘인 A-2 플라이트 재킷을 자주 착용하며, 이는 그의 클래식하면서도 현대적 패션 감각을 잘 보여준다. 데님 셔츠는 견고하고 개성 넘치는 이미지를 주는데, 주로 리바이스 브랜드를 선호하는 것으로 알려졌다.

　이러한 바이든 대통령의 패션 스타일은 전통적이면서도 현대적 감각을 잘 조화시킨 것으로 평가받는다. 그의 스타일은 실용적이면서도 세련된 이미지를 주며, 자신의 정치적 메시지와도 일맥상통하는 면이 있다. 바이든은 작은 디테일까지 신경 쓰는 세심한 스타일링으로 정통과 개성을 동시에 표현한다.

선글라스 착용 효과

선글라스 착용은 시선을 차단함으로써 상대방이 그의 감정을 읽기 어렵게 만들고, 이는 협상이나 외교적 자리에서 바이든을 더욱 전략적이고 단호한 인물로 보이게 할 수 있다. 또한 선글라스는 시대를 초월한 타임리스한 클래식 아이템으로 바이든을 더욱 젊고 에너제틱한 인물로 보이게 한다.

대통령 패션의 상징적 의미, '베이지 게이트' 사건

바이든 대통령의 '베이지 게이트'는 2023년 6월 20일에 발생한 것으로, 당시 바이든이 베이지색 양복을 입고 나와 논란을 일으킨 사건이다. 이는 버락 오바마 전 대통령이 2014년에 베이지색 양복을 입고 기자회견에 나왔을 때 일어난 '탄색 양복 논란'을 떠올리게 했다.

바이든은 메릴랜드주에서 열린 한 행사에 참석할 때 베이지색 양복을 입고 나타났다. 이로 인해 언론과 대중의 이목이 집중되었다. 정치적 주요 현안이나 정책이 아닌 대통령의 패션이 주목받으면서 논란이 일었다. 특히 일부 비평가들은 대통령이 이처럼 중요한 시기에 지나치게 캐주얼해 보이는 옷차림을 선택한 것을 비판했다. 베이지색 양복은 전통적인 다크블루나 그레이 양복에 비해 덜 공식적으로 보일 수 있어 대통령의 공식 석상에서는 부적절하다고 생각하는 사람들이 있었다.

그러나 적지 않은 사람들이 바이든의 패션 선택을 지지했다. 베이지색 양복은 여름철의 밝고 가벼운 느낌을 잘 표현하며, 대통령의 개성과 유머 감각을 보여주는 것으로 받아들였다. 또한 이 논란은 미국 정치에서 패션의 역할과 중요성에 대한 논의로 이어지며, 공적 자리에서의 옷차림이 미치는 영향에 대한 다양한 의견을 불러일으켰다. 이 사건은 대통령의 옷차림이 대중과 언론의 주목을 받으면서 정치적 현안과 무관한 논쟁으로 확대되었다. 이는 대통령의 패션 선택이 어떻게 받아들여지는지를 보여주는 사례이며, 공적 자리에서의 옷차림이 가지는 상징적 의미에 대해 생각해보게 하는 계기가 되었다.

넥타이 교환으로 이뤄진 외교적 신뢰와 유대의 상징적 순간

2001년 8월 11일 고 김대중 전 대통령과 조 바이든 당시 외교 상원의원의 만남.

2001년 8월, 당시 상원 외교위원장인 바이든이 한국을 방문했다. 이 방문 중 그는 당시 우리나라의 김대중 대통령과 만났다. 두 사람은 공식 회담 도중 넥타이에 대한 대화를 나누었다. 당시 바이든은 김대중 대통령의 넥타이를 보며 "넥타이가 아주 좋습니다. 내가 그런 넥타이를 맸다면 대통령이 되었을 것입니다"라고 농담 섞인 칭찬을 했다. 이 말에 김대중 대통령은 유쾌하게 웃으며 "넥타이를 바꿔서 맵시다"라고 제안했다.

두 사람은 즉시 자리에서 일어나 각각 자신의 넥타이를 풀고 상대방의 넥타이를 매어주었다. 이 장면은 사진으로 기록되었으며, 많은 언론의 주목을 받았다. 넥타이를 바꿔 매는 이 행위는 의례적 행동 이상의 의미를 지니고 있다. 넥타이는 전통적으로 정치인의 품격과 정체성을 상징하는 패션 아이템으로, 이를 교환하는 것은 상호 신뢰와 존중을 나타내는 제스처로 해석될 수 있다.

특히 이러한 행위는 두 나라 간의 외교적 유대와 협력 의지를 강하게 상징하는 것으로, 상호 존중을 전하며 외교적 상징성과 더불어 인간적 친밀감을 강조한 순간으로 기억된다.

넥타이 딤플로 완성된 오바마 스타일, 신뢰와 변화의 메시지

오바마 전 미국 대통령이 시카고에서 열린 민주당 전당대회 기조연설에서 선택한 패션은 그의 메시지와 깊이 연결된 상징성을 보여준다. 그는 네이비 슈트와 화이트 셔츠, 라이트 블루 넥타이를 착용했는데, 이 조합은 그의 전형적인 스타일을 유지하면서도 연설 메시지를 시각적으로 강화하는 역할을 했다. 라이트 블루 넥타이는 평온함과 신뢰를 상징하는 색상으로, 오바마가 자주 선택해온 아이템이다. 이 넥타이에는 세심하게 잡힌 딤플이 더해져 프로페셔널한 이미지를 더욱 강조한다.

버락 오바마 전 미국 대통령이 민주당 전당대회에서 기조연설하는 모습.

이번 패션 선택은 단순한 스타일을 넘어 오바마가 전달하고자 하는 정치적 메시지와 직결된다. 연설에서 그는 카멀라 해리스를 향한 강력한 지지를 표명하며, '예스 쉬 캔(Yes she can)'이라는 구호를 사용했다. 이 구호는 그가 2008년 대선에서 사용한 '예스 위 캔(Yes we can)'을 변형한 것으로, 미국 최초의 여성 대통령을 꿈꾸는 해리스의 도전을 지지하며 해리스가 새로운 길을 개척할 수 있다는 확신을 담고 있다.

오바마의 패션은 이러한 메시지와 자연스럽게 연결된다. 네이비 슈트와 라이트 블루 넥타이의 조합은 신뢰와 조화를 상징하며, 민주당의 결속과 안정, 긍정적 변화를 강조하는 그의 연설을 시각적으로 뒷받침한다. 또한 오바마는 대중과의 연결을 중시해왔기에 이번 스타일 역시 대중에게 신뢰감을 주기 위한 전략의 일환으로 해석된다. 그의 패션과 메시지는 하나의 일관된 전략으로 작용하며, 해리스에 대한 지지를 표현하는 동시에 민주당의 비전을 효과적으로 전달하는 도구로 사용되었다.

오바마는 지금까지 정치사와 패션사에 '슈트 핏 스타일'을 선보였는데, 항상 자신의 체형을 잘 표현해주는 핏의 슈트를 선택해 깔끔한 스타일을 연출했기 때문이다. 오바마의 패션 스타일은 심플함과 자연스러움이 특징이다. 화려하지도 않고 격식을 지나치게 차리지 않은 듯하지만 세심하게 계산된 스타일링을 통해 자연스러운 멋을 추구했다.

그는 공식 석상에서 주로 다크 색상의 투 버튼 싱글브레스트 재킷 정장

공식 석상에서 진중하고 프로페셔널한 이미지를 선사하는 오바마 미국 전 대통령

과 간결한 디자인의 넥타이를 착용하는데, 이는 그가 진중하고 프로페셔널한 이미지를 유지하는 데 도움이 된다. 밝은색 정장을 시도한 적도 있긴 하지만, 대부분 짙은 감색, 회색, 검정 컬러를 고수했다. 드레스셔츠는 레귤러 칼라와 원 커프스 버튼의 흰색과 연한 파란색을 즐겨 입었다. 타이는 붉은색과 푸른색의 레지멘털 타이를 주로 매며, 넥타이 보조개로 일컫는 딤플을 강조하는 스타일로 유명했다.

특히 비공식 석상에서 넥타이를 매지 않거나 재킷을 벗고 소매를 걷어 올리는 모습은 성실함과 열정을 상징하며, 권위를 내려놓고 시민들과 소통하려는 의지를 표현했다고 분석된다. 그는 슈트를 입은 채로 춤을 추거나 스포츠를 즐기는 모습을 자주 보여주며, 이러한 자유로움과 인간적 면모로 많은 사람에게 친근하게 다가갔다. 공식 석상에서는 데이비드 캐머런(David Cameron) 영국 총리와의 회동에서도 노타이 스타일을 고수하며, 백악관에서도 타이를 벗고 편안한 모습을 보여주었다.

청바지와 폴로셔츠, 깔끔한 셔츠 등도 자주 입는데, 이러한 캐주얼한 스타일도 과하지 않게 단정함을 유지해 편안하면서도 신뢰감을 준다. 그는 필요 이상의 액세서리를 지양하며 간단한 손목시계 정도를 착용하는데, 이는 과하지 않으면서도 품격을 유지하는 데 도움이 된다. 이러한 요소들이 조화롭게 어우러져 오바마의 패션 스타일은 많은 이에게 모범이 되고 있다. 이처럼 오바마의 패션은 정치와 스타일을 결합해 시대를 초월한 리더의 이미지를 구축했다고 분석된다.

── **오바마가 취임식에서 링컨이 입었던 코트를 입은 이유**

〈풍속의 역사〉를 쓴 에두아르트 푹스(Eduard Fuchs)는 패션을 계급 구분의 가장 중요한 도구 중 하나로 여겼으며, 최신 패션은 권력과 재력의 확고한 상징으로 사용된다고 주장한다.

특히 영상 매체의 발달에 따른 이미지 시대가 도래함으로써 시각적 이미지의 중요성이 더욱 높아지는 상황에서, 현대의 정치인은 자신의 이념과 생각 등을 효과적으로 전달하기 위한 도구로 패션을 더욱 적극적으로 활용하게 되었다. 패션과 정치가 융합되어 만들어진 패션 정치는 색상, 소재, 액세서리, 디테일 같은 패션 요소에 정치적 의미를 부여했다. 그러면서 반복적이고 차별적으로 사용해 정치인의 정체성을 나타내는 패션 스타일을 만들었다.

여러 정치인이 옷차림을 통해 자신의 정치적 메시지를 전했다. 로널드 레이건(Ronald Reagan)은 어두운색 양복을 입어 보수적인 이념을 강조했고,

버락 오바마는 에이브러햄 링컨의 뜻을 계승한다는 의미로 링컨이 입었던 코트와 비슷한 코트를 취임식에서 입었다. 이런 사례들은 정치인이 옷을 통해 자신의 이념을 표현한 대표적 예로 거론된다.

푸틴의 '블레임 룩' 퍼포먼스 전략
러시아 블라디미르 푸틴(Vladimir Putin) 대통령은 부정적 행동이 언론에 노출될 때마다 '블레임 룩(blame look)' 전략을 활용해왔다. 블레임 룩은 '비난하다'라는 뜻의 블레임(blame)과 '스타일'을 의미하는 룩(look)의 합성어로, 사회적으로 논란이 된 인물의 패션이 주목받는 현상을 일컫는다. 이는 사회적으로 논란을 일으킨 부정적 행동들을 명품 스타일 등의 이슈들을 생산해 본질을 흐리고 언론의 주목을 다른 쪽으로 분산시키려는 전략 중 하나다. 예를 들어 세계인의 공분을 사고 있던 2015년 푸틴은 멜란지 그레이와 다크 그레이 컬러가 배색된 트랙 슈트를 입었고, 그리스 메테오라의 발람 수도원을 방문했을 때는 로로피아나의 네이비 운동화를 착용했다. 그러면서 언론과 세계인의 관심을 부정적 사건에서 명품으로 돌렸다.

러시아의 우크라이나 침공이 계속되는 중에, 푸틴 대통령이 1600만 원짜리 로로피아나 재킷과 380만 원짜리 터틀넥 니트를 입은 사실이 알려지면서 '블레임 룩'이 주목받았다.

결국, 정치인의 패션 선택은 그들이 어떤 메시지를 전하고자 하는지에 따라 달라진다. 이러한 패션 전략은 대중의 관심을 끌고, 사회 이슈에 대한 논의를 촉발하는 데 중요한 역할을 한다. 그러나 이와 동시에 그 전략이 실제 정치적 행동으로 이어질 수 있는지, 또는 단순한 퍼포먼스로 끝나는지에 대한 평가도 뒤따르게 된다.

진실을 입고 국민의 마음을 사로잡다

이미지 브랜딩 관리란 실체와 이미지가 동일하도록 하는 자기 관리 과정이다. 각 분야의 다양한 리더를 대상으로 이미지 브랜딩 컨설팅을 해오면서 느낀 것은 '진실의 힘'이다. 미국 대선이든 우리나라 총선이든 모든 후보자의 이미지는 개인이 아닌 정당 브랜드의 정체성을 확립하고 전달하는 채널로서 중요성을 지닌다.

또한 국민을 결속시키고 정치적 비전을 제시함으로써 시대적 정체성을 내포한다고 할 수 있다. 하지만 이미지 브랜딩의 가장 중요한 본뜻을 무시하고 진실이 아닌 허상과 거짓을 만들고자 한다면 국민의 마음을 사로잡을 수 없다. 이는 거짓 연기를 알아보는 국민 수준이 높아진 데다 이미지 브랜딩은 허상과 거짓을 만드는 것이 아니라 실체와 이미지가 동일하도록 견제하고 유지하는 끊임없는 자기 관리 과정이기 때문이다.

이와 같은 맥락에서 대통령의 옷차림은 단순한 외모의 꾸밈이 아니라, 실체와 이미지를 일치시키는 중요한 요소다. 어떤 대통령이든 자신의 강점을 강화하되 실체와 본질을 속이는 이미지 브랜딩은 실패할 수밖에 없다. 대통령의 옷차림은 그의 비전과 정책, 공약, 업적 등을 유권자에게 진실되게 전달하는 도구가 된다. 누가 자신의 트루 컬러(true color)를 비전과 정책, 공약, 업적과 함께 유권자에게 잘 전달하는가가 미국 대선의 성공을 가르는 핵심인 것처럼 대통령의 옷차림도 그의 진실성과 일치해야만 국민의 신뢰를 얻을 수 있다.

철의 여인 마거릿 대처의 시그너처 메시지 '핸드배깅'
'철의 여인' 마거릿 대처(Margaret Thatcher)가 영국 총리 시절 평생 정치적 무기로 활용한 ※아스프리 검은색 사각 핸드백은 시그너처 메시지 전략 중 하나였다. 1979년부터 11년에 걸친 재임 시절 로널드 레이건 전 미국 대통령, 미하일 고르바초프(Mikhail Gorbachëv) 전 소련 대통령과의 정상회담 등 주요 행사 때마다 소지했던 이 핸드백은 장관들을 떨게 했다. 대처 정부에서 5년간 장관으로 일한 케네스 베이커(Kenneth Baker) 경은 대처의 핸드백을 '비밀 병기'라고 불렀는데, 대처 전 총리가 각료 회의 때 핸드백을 탁자 위에 올려놓고 안에서 결정적 문서를 꺼내곤 했기 때문이다. 이 핸드백은 '자기주장을 강하게 내세운다'는 뜻의 '핸드배깅(handbagging)'이란 신조어를 탄생시키며 대처만의 이미지 브랜딩을 강화시켰다.

이처럼 패션은 강력한 메시지를 담은 제2의 언어이며, 취향을 드러내는 기호라고 할 수 있다. 그렇기 때문에 정치인은 이미지를 중요한 정치적 역량으로 여기며 패션 스타일을 통해 자신의 비전과 철학을 전달하고 대중과 소통하는 비언어적 수단으로 활용하고 있다.

특히 여성 정치인은 조금 더 다양한 패션 아이템을 통해 그들의 신뢰와 전문성을 표현할 뿐 아니라, 이미지와 인식을 형성하며 정책 및 정치 메시지를 전달하고 있다.

── **동네 아줌마 스타일에서 패션 정치 아이콘이 된 대처**
파워 드레싱(power dressing)이란 '위엄이나 지성의 힘을 느끼게 하는 옷차림'이란 뜻으로, 지위와 영향력을 나타내고 업무 효율을 높이기 위해 자신의 색채를 강하게 드러내는 옷을 입는 남녀 모두에게 적용되는 일상의 드레스 코드다. 특히 여성의 파워 드레싱은 신뢰감을 주는 동시에 부드러움을 드러

아스프리 사각 핸드백
마거릿 대처의 시그너처로 불린 검은색 사각 핸드백. '핸드배깅'이라는 신조어를 탄생시켰다. 아스프리는 1781년에 런던에서 창립한 오래된 럭셔리 브랜드이다.

내거나 조화롭게 하는 옷차림으로 남성이 지배하는 정치와 비즈니스 분야에서 일하고 있는 여성에게 꼭 필요한 전략이기도 하다.

정치 이력만큼이나 패션 아이콘으로서도 파급력이 컸다는 평가를 받는 대처는 영국의 첫 여성 총리이자 세계에 큰 영향력을 끼친 정치가로 그의 패션 정치는 여성의 정치적·전문적 지위를 높이는 롤 모델이 되고 있다. 동네 아줌마 스타일이던 정치 입문 초기와는 달리 TPO, 즉 때와 장소 그리고 상황에 맞게 옷을 잘 차려입는 것의 중요성을 인식한 후부터 이미지 또한 국가가 자신에게 부여한 중요한 역할 중 하나라고 여긴 대처는 패션을 정치 영역으로 승화시켰다는 평가를 받고 있다.

—— 보수당과 신중함의 상징, 대처를 대표하는 로열 블루 컬러

컬러는 강렬한 시각적 자극과 심리적 연상 작용을 통해 정당 또는 정치인의 이미지를 구축하는 데 핵심 역할을 한다. 컬러라는 것은 시기와 상황에 따라 다양성을 지니고 있기 때문에 정치인이 컬러를 통해 자신의 이미지를 구축하고자 할 때는 항상 자기가 원하는 메시지를 정확하게 파악하고, 대중이 해당 컬러를 어떻게 인지하는지 날카롭게 분석할 필요가 있다. 대처는 영국 왕실의 상징인 로열 블루 컬러의 스커트 정장을 즐겨 착용했는데, 블루는 보수당을 상징할 뿐 아니라 신중한 성향을 나타내는 컬러다. 더불어 주장이 한결같은 강한 의지의 소유자 혹은 충성심이 강한 사람을 의미하는 컬러이기 때문에 블루는 정치인 마거릿 대처를 대표하는 가장 강력한 수단이 되면서 그의 시그너처 컬러로 이미지 브랜딩하는 데 성공했다고 볼 수 있다.

—— 카리스마 이미지에 여성성의 상징 리본 진주 목걸이와 브로치 믹스 매치

대처의 패션에 관한 자료에 따르면, 프랑스 제21대 대통령 프랑수아 미테랑(François Mitterrand) 대통령은 마거릿 대처에 대해 로마제국 제3대 황제인 칼리굴라(Caligula)의 눈과 매릴린 먼로의 입술을 가졌다고 평한 바 있다. 칼리굴라가 남성적 정치 지도자를 대표한다면, 매릴린 먼로는 여성성의 상징으로 여성성과 남성성을 모두 포함한 양성적 이미지의 대처를 표현한 것으로 보인다. 실제로도 정치가의 중요한 덕목으로 '힘'을 인식했던 대처는 공적 행적에서는 성의 구분을 초월하는 남성적 이미지를 보여주기도 하고, 개인 사생활은 전통적 면을 강조하면서 여성적 이미지를 띠며 양성을 화합시킨 성적 양면성을 보였다는 평가가 적지 않다.

대처의 패션 스타일링도 양성적 이미지를 띠는데, 블루 컬러의 각이 살

로열 블루 컬러를 즐겨 입은 마거릿 대처.

아 있는 슈트에서는 남성적 파워 이미지가 보이고, 리본과 진주 목걸이 및 브로치 등의 액세서리를 통해서는 여성적 이미지를 믹스 매치하는 전략을 활용했다. 프랑스에서 열린 경제성장 회담에서는 리본이 달린 원피스를 착용함으로써 남성 대통령들 사이에서 여성성을 더욱 강조한 스타일링으로 시선을 사로잡기도 했다.

현대적 슬림 핏 정장 vs 선글라스에 스니커즈 캐주얼, 에마뉘엘 마크롱

2024 파리 올림픽 당시 세련된 슈트를 선보인 에마뉘엘 마크롱 프랑스 대통령.

2024 파리 올림픽에서 에마뉘엘 마크롱(Emmanuel Macron) 프랑스 대통령은 다양한 공식 행사에서 클래식하면서도 세련된 패션을 선보였다. 특히 개막식에서는 현대적 슬림 핏의 어두운 네이비블루 슈트와 더불어 짙은 네이비 톤 넥타이를 선택했다. 이는 프랑스의 전통적 스타일을 강조하면서도 권위와 품격을 유지하려는 의도로 해석된다. 그의 스타일은 군더더기 없이 깔끔하면서도 상징적 이미지 전달에 중점을 둔 것으로 보인다. 이러한 패션 선택은 국가 이미지를 드높이기 위한 전략의 일환으로, 전 세계의 주목을 받는 자리에서 프랑스의 우아함과 품위를 강조하는 데 기여했다.

2024년 6월 프랑스 파리에 있는 엘리제 궁전에서 있었던 한·프 정상회담에서 마크롱은 "프랑스 젊은 층에서 한국에 대한 동경이 있고, 파리에서 K-팝이 엄청난 인기를 얻고 있는 만큼 프랑스 문화도 한국에서 이런 인기를 얻을 수 있도록 힘쓰겠다"고 말한 바 있다. 39세에 최연소 프랑스 대통령이 된 후 2022년 재선에 성공한 마크롱 대통령은 언론에서 나폴레옹(Napoleon)을 닮았다는 얘기가 나올 정도로 에너지가 넘쳤다. 패션 스타일은 슬림한 핏의 정장과 무늬가 없는 다양한 컬러의 넥타이를 선택하는 등 현대적이고 무난한 편이지만 가끔 이슈가 되기도 한다.

AFP 통신에 따르면 엘리자베스(Elizabeth) 2세 영국 여왕의 장례식에 참석하기 위해 하루 전날 선글라스에 남색 스니커즈를 착용한 캐주얼한 차림으로 런던을 찾은 그는 복장 부적절 논란으로 도마에 오른 바 있다. 물론 웨스트민스터 사원 영결식에는 검은색 정장 차림이었지만, 이로 인해 시간·장소·상황에 어울리지 않는 패션을 착용한다는 여론도 생겼다.

터틀넥으로 에너지 감축 메시지 vs 가슴 털로 유권자에게 매력 어필

마크롱 대통령은 비공식적 자리에서는 캐주얼한 스타일을 선호하는 편으로, 자신의 접근성과 국민과의 친밀감 그리고 정책을 전달하는 수단으로 활용한다. 예를 들어 러시아·우크라이나 전쟁 여파 등으로 에너지 위기가 고조되는 가운데 난방비를 아끼자는 취지로 공식 석상에 터틀넥 차림을 자주 보이면서 '2024년 에너지 소비 10% 감축' 메시지를 패션으로 전달했다.

그뿐 아니라 2022년에는 면도도 하지 않은 후줄근한 모습에 후드티를 입고 등장하면서 '마크롱의 젤렌스키 코스프레'라는 비판도 받았고, 가슴 털이 보이는 화이트 셔츠 차림의 과감한 비하인드 컷으로 남성적 매력을 드러내면서 젊은 유권자에게 어필하고 있다는 평도 들은 바 있다. 종종 파리의 유명 디자이너 브랜드의 제품을 착용하면서 프랑스의 패션 산업을 지원하고 자국의 미를 선보이며 국제적 영향력을 행사하기도 한다. 이처럼 패션 스타일은 마크롱 대통령의 리더십 및 정책과 함께 그의 공개 이미지 브랜딩을 형성하는 중요한 요소 중 하나라고 할 수 있다.

겨울에는 터틀넥으로 멋을 냈다.

국방색으로 애국심을 드러낸 볼로디미르 젤렌스키 우크라이나 대통령

2년간 이어지는 러시아와의 전쟁에서 자국 군인 3만1000명이 전사했다고 밝힌 바 있는 볼로디미르 젤렌스키(Volodymyr Zelensky) 우크라이나 대통령은 코미디언 출신이라는 꼬리표로 진정성을 의심받으며 평가절하되었다. 하지만 침공 예고일에도 도피하지 않고 자국에 남아 지금까지 항전 의지를 일관적으로 고취하면서 긍정적으로 평가받은 젤렌스키의 패션 정치를 살펴보자.

젤렌스키가 국방색 옷을 입는 것은 군대와의 단결을 상징적으로 나타내는 것으로, 이는 그가 국가의 군사적 안보를 보호하기 위해 군인은 물론 국민과 함께 있다는 결속력 메시지를 전달한다. 군부대에서 협찬받은 국방색(육군 군복의 빛깔. 카키색이나 옅은 초록빛) 티셔츠가 무려 20장이나 있다고 전해지는 그는 유럽·영국·미국 의회 연설에서도 격식 있는 정장이 아닌 평범한 티셔츠를 입어 논란을 일으키기도 했다. 그의 의상 선택에 일부에서는 매너가 없다고 비판하기도 했지만, 그의 복장이 오히려 우크라이나 자국민에 대한 존중과 충성의 표시라고 보는 시각도 적지 않다.

전쟁 중임을 암시하는 볼로디미르 젤렌스키의 패션.

젤렌스키의 패션은 전쟁의 고통을 국민과 공유한다는 의미로 애국심의 상징이라는 해석도 있다. 다큐멘터리를 통해 정장은 전쟁이 끝나면 입을 것이라고 언급한 그의 벙커 집무실 안쪽에는 군복만 가득했다. 정장 대신 티셔츠나 후드티를 착용함으로써 개방적이고 평등한 이미지를 친근하게 전달하는 젤렌스키는 탁월한 전략가라고 할 수 있다. 대통령이 국방색 옷을 입고 작전에 참여하는 것은 군대 내의 동기부여와 의욕을 높일 수 있기 때문이다. 이처럼 패션을 통해 국민의 마음을 하나로 모으는 패션 정치 파워는 결코 사소하지 않다.

Fashion Politics

패션 정치가 등장한 이유?

북한의 최고 지도자 김정일과 김정은은 인민복이라 부르는 패션 아이템을 통해 인민과 함께한다는 의미를 홍보하며 정치체제를 유지하기 위한 도구로 사용하고 있으며, 인도의 나렌드라 모디(Narendra Modi) 총리는 전통 복식인 쿠르타를 통해 특정 정당이 아닌 인도의 총리임을 강조하기도 했다. 이와 같이 세계 정상들은 옷차림을 통해 자신의 정치적 성향과 이념을 드러내며, 이제는 그것을 해석하는 것이 필수 작업으로 여겨질 만큼 정치에서 패션은 중요한 역할을 하게 되었다.

이러한 패션 정치가 나타난 이유는 옷차림이 이미지 형성에 상당히 큰 비중을 차지하기 때문이다. 사회학자 어빙 고프먼(Erving Goffman)에 따르면 우리가 타인과 대면했을 때 자연스럽게 상대방에 대한 정보를 찾는데, 상대방의 행동과 옷차림에서 사회·경제적 지위, 태도, 성격 등을 유추할 정보를 얻는다. 그리고 이렇게 얻은 정보들을 바탕으로 타인에 대한 이미지를 형성하기에 옷차림은 자신을 표현할 수 있는 하나의 방식으로 여겨지기도 한다. 이러한 이유로 섬유학자 아이커(Joanne Eicher) 등은 옷차림을 '제2의 피부' 혹은 '가시적 자기'라 명명하기도 했다.

가시적 자기 개념은 옷차림이 자신의 내면을 밖으로 드러내는 수단이라는 의미다. 옷은 단순히 몸을 가리는 것이 아니라 그 사람의 성격, 사회적 지위, 가치관 등 다양한 정보를 시각적으로 표현해준다. 그래서 옷차림은 일종의 '눈에 보이는 자기 자신'으로 간주되며, 이를 통해 자신의 정체성을 표현하고, 사람들에게 특정한 이미지를 전달하려고 한다.

정치인 패션과 색상의 관계

미국에서 정치인의 패션과 색상 선택은 그들의 정치적 메시지, 소속 정당, 그리고 대중 이미지 구축에 중요한 역할을 한다. 정치인은 색상을 전략적으로 활용해 자신의 정치적 입장과 메시지를 시각적으로 표현한다.

미국 정치에서는 빨간색과 파란색을 두드러지게 사용하는데 빨간색은 공화당을, 파란색은 민주당을 상징한다. 대통령 후보나 주요 정치인은 자신이 소속된 정당의 색상을 의상에 반영함으로써 지지층에게 시각적 일관성을 제공한다. 예를 들어 도널드 트럼프는 대선 기간 동안 공화당을 상징하는 빨간색 넥타이를 자주 착용했다. 반대로 민주당 소속의 조 바이든은 파란색 계열의 넥타이와 의상을 선호했다. 이처럼 정당의 색상은 정치인의 정체성과 메시지를 명확히 전달하는 수단으로 작용한다.

또한 색상 선택의 스펙트럼이 상대적으로 넓은 여성 정치인의 패션에서는 색상이 더욱 중요한 의미를 지닌다. 힐러리 클린턴은 2016년 대선 캠페인 동안 주로 파란색과 흰색을 착용하며 민주당의 이미지를 강화했다. 동시에 여성의 연대와 권리를 강조하기 위해 보라색을 전략적으로 활용했다. 보라색은 미국 정치에서 양당의 화합을 의미하기도 하는데, 그는 패션을 통해 이 메시지를 전달한 것이다. 색상은 정치적 상황과 메시지에 따라 변한다. 예를 들어 중요한 연설이나 국정 연설 때는 강렬한 색상보다 중립적이고 신뢰를 주는 색상을 선택하는 경향이 있다. 이는 정치인이 안정성과 결단력을 시각적으로 표현하기 위함이다.

최근 글로벌 이니셔티브 행사에 참석한 힐러리 전 국무장관. 화합의 상징인 보라색을 잘 활용한 사례로 꼽힌다.

카멀라 해리스도 중요한 발표나 국정 연설에서 종종 차분한 짙은 네이비 또는 중성적인 그레이 계열의 의상을 선택하는데, 이 또한 안정감과 신뢰를 강조하기 위한 전략이다. 예를 들어 2024 민주당 전당대회에서 대선 후보 수락 연설 시에도 짙은 네이비 슈트를 입었다. 그뿐 아니라 2021년 미국 국정 연설 당시에도 해리스는 진한 네이비블루 슈트를 입어 차분하면서도 권위를 상징하는 이미지를 전달했다. 이러한 선택은 특히 정치적 메시지가 명확하고, 복잡한 상황을 안정적으로 관리할 수 있는 리더십을 보여줄 필요가 있는 순간에 자주 사용한다. 이처럼 색상 선택은 정치인의 이미지 관리와 함께 중요한 메시지를 시각적으로도 강화하는 역할을 한다.

우리나라 정치인 패션과 색상의 관계

우리나라에서도 정치인이 어떤 색을 선택하느냐는 단순한 패션 이상의 의미를 지닌다. 예를 들어 더불어민주당의 정치인은 파란색을 자주 입는데, 이는 그들이 속한 정당의 색이자 안정과 신뢰를 상징하기 때문이다. 반면, 국민의힘 정치인은 주로 빨간색을 선택한다. 이 색은 힘과 결집력을 표현하며 보수적 가치를 상징하는데, 선거 기간에는 빨간 점퍼나 넥타이로 강한 이미지를 부각시키기도 한다.

선거철이 되면 정치인은 거리 유세나 TV 토론회에서 이런 색상을 적극 활용한다. 국민이 한눈에 정당을 알아볼 수 있도록 자신의 정당 색을 중심으로 패션을 구성하는 것이다. 예를 들어 파란 점퍼를 입은 후보를 보면 더불어민주당임을 쉽게 알 수 있고, 빨간 점퍼를 입은 후보는 국민의힘임을 짐작할 수 있다. 이 외에도 중요한 국가 행사나 연설에서 정치인이 입는 옷의 색상 역시 신중하게 선택된다. 예를 들어 대통령이 국가적 위기 상황에서 차분한 파란색 넥타이나 검은색 정장을 선택하는 것은 국민에게 안정감을 주려는 의도다. 반면, 더 경쾌한 분위기를 연출하고자 할 때는 밝은 톤의 색상을 선택하기도 한다. 이처럼 우리나라 정치인은 패션을 통해 자신들의 정치적 메시지와 이미지를 강화하려고 한다. 특히 색상은 단순한 미적 선택을 넘어 지지층에게 강한 소속감을 주고, 정치적 정체성을 드러내는 도구로 활용되고 있다.

노란색은 우리나라 정치에서 민주주의와 시민운동을 상징하는 색으로 자리 잡았다. 특히 노무현 전 대통령과 관련된 정치적 운동에서 노란색은 중요한 역할을 했다. 이후 문재인 전 대통령도 노란색을 상징적으로 사용해 민주주의 및 정의의 이미지를 강조했다. 녹색은 환경과 관련한 메시지를 전달할 때 주로 사용한다. 서울시장 오세훈은 환경 시장이라는 이미지를 부각하기 위해 녹색 계열의 의상을 선택하며 자신의 환경 정책을 시각적으로 강조했다. 이러한 사례들은 정치인이 의도적으로 색상을 선택해 자신의 이미지를 조정하고, 특정 메시지를 강화하는 데 활용한다는 것을 보여준다.

정치인이 당의 상징 색을 활용하지 않는 경우에는 몇 가지 특별한 이유가 있다. 먼저, 국가적 위기나 초당적 이슈가 있을 때는 특정 당의 색보다는 국민 전체를 아우르는 색상을 선택한다. 예를 들어 재난이나 국가적 위기 상황에서는 검정이나 회색 같은 무채색을 입는 경우가 많다. 이는 당파를 넘어선 단합과 연대의 메시지를 전달하기 위함이다. 또한 중도층이나 무당파 유권자를 공략할 때도 상징 색을 피할 수 있다. 선거에서 특정 지지층에만 호소하는 것이 아니라 더 넓은 범위의 유권자를 공략하려면 파란색이나 빨간색 대신 중립적인 흰색이나 회색을 선택한다. 이렇게 하면 특정 당에 얽매이지 않고, 더 많은 사람에게 다가갈 수 있다. 화합과 통합의 메시지를 전달할 때

녹색 옷을 통해 환경 정책을 강조한 오세훈 시장.

도 상징 색을 피한다. 예를 들어 대통령 취임식 같은 중요한 행사에서는 특정 당의 색을 입는 것이 오히려 논란을 불러일으킬 수 있다. 그래서 더 넓은 의미의 통합을 강조하기 위해 다른 색을 선택하는 것이다.

마지막으로, 이미지 변신을 원할 때도 상징 색을 사용하지 않는다. 기존 이미지를 바꾸거나 새로운 메시지를 전달하려면 평소와 다른 색을 선택해 다른 이미지를 부각시킨다. 예를 들어 이미지가 강한 정치인이 좀 더 부드러운 모습을 보여주고자 할 때는 파스텔 톤의 색을 선택할 수 있다. 이처럼 정치인이 당의 상징 색을 선택하지 않는 경우는 각 상황에 따라 중립적이거나 포괄적인 색상을 사용해 원하는 메시지를 전달하려는 의도가 담겨 있다.

정치인의 옷차림 전략, 시각적 이미지가 당락을 결정한다

정치인이 유권자의 마음을 사로잡고 선거에서 승리하기 위해서는 정책만큼이나 이미지 관리가 중요하다. 특히 외모와 옷차림은 정치인의 이미지를 형성하는 데 결정적 역할을 한다. 정치인이 말과 정책으로 전달하는 메시지보다 그들이 어떤 시각적 인상을 주는지가 더 큰 비중을 차지하는 이유는 유권자가 정보를 직관적으로 처리하는 경향이 있기 때문이다.

유권자는 정치인을 평가할 때 그들의 정책적 입장보다는 표정, 복장, 제스처 등 시각적 단서에 더 주목한다는 연구 결과가 적지 않다. 결국 유권자는 복잡한 정책 분석보다는 외모나 패션을 통해 정치인의 성격과 역량을 판단하고, 나아가 이를 바탕으로 투표 의사를 결정하는 것이다.

호의적 인상을 주는 외모는 정치인에게 유리하게 작용한다. 사회학자 모리스 로젠버그(Morris Rosenberg) 등의 연구에 따르면 친근하고 온화한 외모의 정치인이 유권자로부터 더 긍정적 평가를 받는다. 정치 심리학자인 데니스 설리번(Denis Sullivan)과 로저 매스터스(Roger Masters)는 정치인의 얼굴 표정이 유권자의 감정적 반응을 크게 좌우하며, 그 결과 투표 의향에도 영향을 미친다고 밝혔다. 국내 연구에서도 정치인이 보여주는 눈물, 시선 처리, 손동작 등은 유권자의 호감도와 신뢰도를 좌우하는 중요한 요소로 나타났다. 이처럼 시각적 요소들은 유권자의 투표 행동에 깊이 관여한다. 하지만 외모가 호감이 가지 않는 경우에는 패션으로 호감도를 높이는 대안을 활용해야 한다.

정치인의 시각적 이미지는 최근 미디어 환경의 변화와 함께 더욱 부각되고 있다. 정당의 이념적 차이가 약해지고, 소셜 미디어가 유권자에게 큰 영향을 미치면서 정치인의 옷차림과 패션은 유권자의 시선을 끌고 신뢰를 얻는 아주 중요한 수단이 된다. 깔끔하고 정제된 의상은 정치인의 전문성을 부각시키고, 특정 색상이나 스타일은 그들의 정치적 메시지나 가치를 직관적으로 전달한다. 예를 들어 강한 리더십을 강조하기 위해 다소 어두운 색상을 선택하거나, 친근한 이미지를 강조하기 위해 부드러운 톤의 의상을 선택하는 것은 정치적 이미지 전략의 일환이다.

결국 정치인의 옷차림 전략은 단순한 패션 선택을 넘어선다. 유권자에게 전달되는 시각적 메시지를 통해 정치인의 신뢰성, 전문성, 성향을 강화하거나 조정할 수 있는 강력한 도구로 작용한다. 이러한 시각적 전략이 효과적으로 작동할 때 정치인은 자신을 '당선된 사람'처럼 보이게 만들어 유권자의 선택을 이끌어낼 수 있다. 요컨대 정치인의 옷차림과 시각적 이미지 전략은 그들의 정치적 운명을 결정짓는 중요한 요소로 작용한다.

이혼으로 패션에 변화가 생긴 트뤼도 총리

미국 순위 선전 전문 온라인 매체 '하티스트 헤즈 오브 스테이트'가 전 세계에서 가장 잘생긴 국가원수로 꼽은 바 있는 쥐스탱 트뤼도 캐나다 총리는 '가장 섹시한 총리' 등으로 불리며 40대 초반에 총리가 되었고, 수려한 외모와 패션, 젠틀한 매너, 열린 소통 등으로 국민의 지지를 받아왔다.

하지만 가정적 이미지를 강조하면서 국민의 신뢰를 받아온 트뤼도 총리는 2023년 8월 이혼을 발표한 데 이어 2023년 성탄절 기간 카리브해의 자메이카 휴양지에서 '공짜 호화 휴가' 논란 등으로 이미지와 지지율에 타격을 입었다. 이후 트뤼도 총리의 패션 스타일에는 변화가 생겼다. 지지율이 하락함에 따라 그는 더 신선하고 현대적 이미지를 통해 긍정적 인상을 주려는 시도를 하고 있다. 그의 패션 변화는 특히 젊은 유권자들과의 소통을 강화하려는 전략으로 해석된다. 예를 들어 그는 최근 깔끔한 슈트와 짧은 헤어스타일을 선택하며 더욱 세련되고 활동적인 이미지를 보여주고 있다. 이 스타일 변화는 그의 정치적 메시지와 함께 리더십이 변화하고 있다는 인상을 주기 위한 것으로 분석된다. 이러한 변화는 선거와도 연결될 수 있으며, 특히 새로운 이미지를 통해 긍정적 주목을 끌어내려는 의도로 볼 수 있다.

'건강한 역동성'을 어필해온 트뤼도는 2012년 트위터를 통해 23세 때 새긴 지구 문신을 공개했다. 문신을 새긴 최초의 총리인 그는 40번째 생일 때 캐나다 에스키모 부족인 하이다(Haida)족의 까마귀 문양에 '개방과 관용'의 정신을 담아 정치적 신념을 문신으로 표현했다고 전해진다. 이 까마귀는 하이다

짧은 헤어와 깔끔한 슈트로 활동적 이미지를 보여준 쥐스탱 트뤼도 총리.

족의 상징으로, 트뤼도의 부친인 피에르 트뤼도 전 총리가 재임 당시 '명예 부족원'이 되면서 트뤼도 집안이 명예 부족원이 됐다고 한다. 그는 수염과 헤어를 통해서도 정치적 의도를 전달하는 것으로 분석된다. 2020년 겨울 휴가를 마치고 돌아온 트뤼도는 수염을 기르고 나와 그동안 내세웠던 '젊은 정치' 인상과 대조적으로 원숙한 이미지를 극적으로 강화했다. BBC는 그의 수염과 덥수룩한 헤어스타일이 최근 겪은 정치적 위기, 하원 과반 확보에 실패한 힘든 재선 투쟁을 표현한다고 해석하기도 했다.

—— 양말 정치는 정치 메시지와 취향 보여주는 도구

트뤼도는 2021년 당시 바이든 미국 대통령과의 회담 자리에서 미국 국기 성조기를 떠올리게 하는 빨간색 바탕에 파란색, 그리고 흰색 문양이 프린트된 양말 착용으로 캐나다·미국의 친선 관계를 강조했다는 평가를 받고 있다. 게이 프라이드 축제에 참석한 당시에는 동성애 인권을 상징하는 무지개색 양말을 착용했다. 〈워싱턴포스트〉에 따르면 양말에 적힌 문구에 국민의 관심이 집중되었는데 같은 날 있었던 이슬람 단식 성월 라마단 종료를 기념하는 축제 '이드 알피트르(Eid al-Fitr)'라고 적혀 있던 것이다.

일정이 겹쳐서 이슬람 축제에 참여하지 못한 아쉬움을 양말 문구로 표현한 트뤼도의 센스와 배려가 돋보이는 순간이었다. 이처럼 트뤼도는 양말을 정치 메시지와 취향을 보여주는 도구로 적극 활용하며 젊고 새로운 리더의 진취적이고 열정적인 이미지를 강화했다고 분석된다. 2017년 북대서양조약기구(NATO) 정상회담에서는 나토 깃발 모양이 새겨진 양말을 신었다. 한쪽은 분홍색, 다른 한쪽은 하늘색인 짝짝이 양말이었다. 앙겔라 메르켈 독일 전 총리가 트뤼도 총리의 양말을 관심 있게 쳐다보는 장면이 화제가 되기도 했다. 실제 〈뉴욕 타임스〉는 '트뤼도 총리의 양말이 인간적인 매력을 보여주는 소통의 도구가 됐다'고 평했다.

2023년 조 바이든이 캐나다를 방문했을 트뤼도가 신었던 양말. 항상 화려한 양말을 신기로 유명하다.

젊은 총리의 혁신적 스타일, 산나 마린

핀란드 전 총리였던 산나 마린(Sanna Marin)은 2019년 핀란드 총선에서 핀란드 역사상 최연소 총리로 선출됐다. 마린의 승리는 그의 정치적 메시지뿐 아니라, 젊고 현대적 이미지가 대중심리에 큰 영향을 미쳤음을 보여준다. 마린의 패션은 그의 진보적이고 혁신적인 정치 비전을 반영한 것이다.

파격적 패션 스타일로 자주 주목받아온 그는 2020년 핀란드의 패션 잡지 〈트렌디〉에 실린 사진에서 안에 아무것도 입지 않고 목걸이만 한 채 블레이저를 입고 포즈를 취했다. 일부에서는 이 이미지가 부적절하다고 비난했다. 하지만 적지 않은 사람들이 그의 당당한 태도를 지지하며 #ImWithSanna 해시태그로 비슷한 사진을 올려 연대했다. 이 논란은 정치인의 외모보다는 성과로 평가받아야 한다는 주장을 강조하는 계기가 되기도 했다.

또한 2023년 헬싱키의 한 페스티벌에서 마린은 무릎 위까지 오는 부츠와 세련된 의상으로 사람들의 눈길을 끌며, 정치인으로서 이미지뿐 아니라 패션 아이콘으로서의 존재감을 다시 한번 과시했다. 이러한 사례들은 마린이 패션을 통해 전통적 정치인의 이미지에서 벗어나 보다 자유롭고 개성 있는 스타일을 표현한 대표적 예다. 그의 캐주얼하고 현대적인 스타일은 특히 젊은 유권자에게 호응을 얻었으며, 마린을 새로운 세대의 리더로 자리매김하게 했다. 그는 주로 깔끔한 블레이저와 슬랙스, 심플한 드레스를 착용해 젊고 활기찬 이미지를 강조했다.

무릎 위까지 오는 부츠로 패션 센스를 보여준 산나 마린.

마린의 옷차림은 그의 정치적 메시지와 일관성을 유지하며, 그가 추구하는 사회적 진보와 평등의 가치를 시각적으로 전달했다. 그는 젊은 정치인으로서 전통적인 성 역할과 이미지에서 벗어나 영감을 주는 리더로 비쳤으며, 특히 패션은 핀란드의 현대적이고 진보적인 사회를 상징하는 데 큰 역할을 했다.

또한 마린의 소셜 미디어 활용은 그의 이미지 전략에 도움을 주었다. 인스타그램 같은 플랫폼을 통해 자신의 일상과 패션을 공유하며 유권자들과 더욱 가까워지는 소통을 이루었는데, 이는 특히 젊은 층과의 연결 고리를 강화하는 데 중요한 역할을 했다. 마린은 자신의 패션을 통해 친근하고 접근 가능한 리더라는 인상을 심어주었고, 유권자의 지지를 얻는 데 기여했다.

책임과 권위를 상징하는 시진핑, 마오 스타일 재킷 패션

중국 국가주석 시진핑(Xi Jinping)의 옷차림과 패션 스타일은 주로 전통적이면서 엄격한 관료적 스타일로 특징 지어진다. 시진핑은 종종 마오 스타일 재킷을 착용해 중국공산당의 전통과 연속성을 상징한다. 이 재킷은 마오쩌둥(Máo Zédōng) 주석 시절부터 이어져 내려오는 정치적 상징으로, 시진핑은 이를 통해 국가적 정체성을 드러내며 강력한 국가주의와 당의 통합을 강조한다. 이는 그의 정치적 메시지와 일치하는 선택으로, 대중에게 강한 인상을 남긴다. 이 스타일은 주로 공식적인 군사 행사나 국가 기념일 같은 중요한 자리에서 볼 수 있다.

마오 스타일의 재킷을 선보인 시진핑 중국 국가주석.

중국공산당 창당 100주년 기념식 등 공식 행사에서는 인민복 착용을 하고, 글로벌 무대나 그 밖의 상황에서는 짙은 슈트에 붉은색이나 푸른색 넥타이 정장 차림을 하는 시진핑 주석은 대체로 전통적이고 보수적인 모습이다. 주로 어두운 색상의 정장을 선택하는데 이는 권위와 안정성을 상징하며, 공산당의 엄격한 이미지와도 일치한다. 숱이 많은 헤어는 이마가 훤히 보이게 뒤로 넘겨 정리해 무게감 있는 국가 지도자로서 이미지를 강화하기 위해 노력한다고 분석된다.

젊고 건강한 이미지를 위해 헤어 염색을 하는 중국 정치인의 일반 분위기에도 불구하고 2019년 시진핑 주석이 중국 최대 정치 행사에서 염색하지 않은 흰머리를 그대로 노출하면서 이미지 메이킹의 일환이라는 분석이 지배적이었다. 하버드 대학교 정치 연구학자는 친민 이미지와 자신감의 반영으로 보았고, 연륜 있는 국가 지도자로서 이미지를 강화하기 위한 전략으로 분석했다. 영부인인 펑리위안은 젊은 시절 시진핑 주석이 우리나라 드라마 '별에서 온 그대' 남자 주인공 김수현(도민준 역)을 닮았다고 언급한 적도 있다고 전해진다.

시진핑 주석의 패션 선택은 단순히 개인적 취향을 넘어 정치적 메시지를 담고 있다. 그의 옷차림은 중국공산당의 역사와 전통을 존중하고, 안정과 연속성을 강조하는 역할을 한다. 그의 스타일은 또한 일반 대중에게 검소함과 절제를 상징하기 위해 의도된 것으로 볼 수 있다.

윈스턴 처칠의 패션을 통한 정치적 메시지

윈스턴 처칠(Winston Churchill)은 제2차 세계대전 중 독특한 볼러 모자와 시가로 잘 알려져 있다. 볼러 모자는 19세기 중반 영국에서 처음 등장한 둥근 형태의 단단한 모자로, 윌리엄 볼러(William Bowler)가 1849년에 디자인해 만들었다. 일반적으로 검은색이며, 중간 정도의 높이와 둥글게 말려 올라간 모자 테가 특징이다.

볼러 모자와 시가의 상징이 된 윈스턴 처칠.

처음에는 말 타는 사람들이 머리를 보호하기 위해 착용했으나, 점차 중산층과 상류층 남성들 사이에서 널리 인기를 얻게 되었다. 모자의 독특한 형태와 단단한 구조는 모던하면서도 세련된 이미지를 자아내며, 비즈니스맨과 정치인들이 많이 착용했다.

윈스턴 처칠의 볼러 모자와 시가는 그의 이미지와 스타일의 상징으로 자리 잡았다. 볼러 모자는 그의 카리스마와 결단력을 상징하는 요소로 전쟁 중 영국 국민에게 강력한 인상을 남겼다. 그의 강력한 이미지와 리더십을 강조하는 데 이 패션이 크게 기여했다.

국가의 정체성을 보여준 마하트마 간디

인도 남성 전통 의상인 도티로 인도의 독립과 자립을 상징한 간디의 의상.

마하트마 간디(Mahatma Gandhi)는 일반적으로 하반신을 덮으면서 허리를 감싸는 형태의 인도 남성 전통 의상인 도티를 자주 입었다. 이는 인도의 독립과 자립을 상징하며, 그의 비폭력 운동 철학과 일치했다. 옷차림 시행착오를 거친 힐러리 클린턴은 대통령 선거 캠페인 동안에는 다양한 색상의 바지 정장을 입었다. 이는 그의 전문성과 신뢰성을 강조하면서도 여전히 여성성을 유지하려는 전략적 선택이었다. 이와 같이 정치 지도자들은 패션을 통해 자신의 정치적 메시지를 효과적으로 전달하며, 이는 대중의 심리에 큰 영향을 미친다.

시대적 맥락과 리더십의 바로미터, 역대 대통령 패션

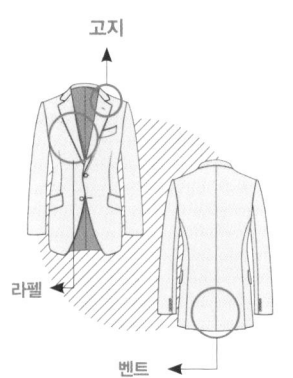

재킷 스타일은 *고지(gorge) 라인과 *라펠(lapel)의 특징에 따라 달라지는데, 고지 라인은 정장 재킷에서 라펠(아래 깃)과 칼라(위 깃)가 만나는 봉제선이다. 고지 라인의 위치는 재킷의 전체 비율과 실루엣에 큰 영향을 미친다. 고지 라인이 높을수록 재킷의 V존이 좁아지며, 상대적으로 몸이 더 길어 보이고 세련된 느낌을 준다. 반면, 고지 라인이 낮을 경우 V존이 넓어지면서 클래식하고 여유로운 이미지를 연출한다. V존은 정장 재킷을 입었을 때 라펠과 앞 단추가 만들어내는 V자 형태의 공간을 말한다. 즉, 재킷을 잠갔을 때 목에서부터 첫 번째 단추까지 드러나는 부분이 V존이다. 이 V존 크기와 형태는 고지 라인과 라펠의 디자인에 따라 달라지며, 재킷의 전체 스타일과 인상을 좌우한다. 따라서 V존은 재킷이 주는 첫인상을 결정하는 중요한 요소라고 할 수 있다.

라펠은 정장 재킷의 앞쪽에서 목 주변을 둘러싸는 부분으로, 보통 아래 깃으로 부른다. 라펠은 재킷의 스타일을 결정짓는 중요한 요소로, 폭과 형태에 따라 다양한 인상을 줄 수 있다. 라펠은 크게 노치드 라펠, 피크드 라펠, 숄 라펠 세 가지가 주요 형태로 나뉘며 각각 격식, 우아함, 캐주얼한 느낌을 전한다. 그리고 *벤트(vent)는 재킷 뒷부분에 있는 슬릿을 말한다. 재킷의 움직임을 더 편하게 해주기 위해 존재하는데, 주요 스타일로는 센터 벤트(가운데에 하나의 슬릿), 사이드 벤트(양쪽에 2개의 슬릿), 그리고 벤트가 없는 스타일이 있다. 벤트의 유무와 위치에 따라 재킷의 실루엣과 움직임이 달라진다.

그럼 지금부터 우리나라 대통령기록관에 있는 역대 대통령의 특별한 옷차림 특징을 알아보자.

역대 대통령 패션

우리나라의 역대 대통령은 각각의 시대적 맥락과 개성에 따라 다양한 패션 스타일을 선보였다. 이는 국가 이미지와 리더십을 상징하는 중요한 요소로 작용했다. 대통령의 패션은 그들의 정치적 메시지와 리더십 스타일을 반영하며 국민에게 강력한 이미지를 전달하는 역할을 했다. 우리나라 역대 대통령의 시대별 옷차림을 보면 각 시대의 유행과 개인적 성향을 반영하며 변화해왔다.

이승만 대통령(재임: 1948~1960)
전통과 현대의 조화

대한민국 초대 대통령인 이승만 전 대통령은 1948년 7월 초대 대통령 취임식에서 원료의 천연 색을 지닌 소색 두루마기를 착용했다. 이 두루마기 형태는 고름 대신 단추로 여미게 만든 것이 특징으로, 일찍이 1910년대부터 개화파 인사들이 입기 시작해 '개화 두루마기'라고 했으며, 당시에 일반인에게도 매우 유행하던 형태다.

1950년대 *슈트의 특징은 라펠이 넓고 고지 라인이 낮은 편이었다. 이승만 전 대통령의 양복도 예외는 아니었다. 이는 전후 복구 과정에서 나타난 미국의 영향과 이승만 대통령의 오랜 미국 생활이 일부 반영된 아메리칸 스타일이기도 했다. 당시 미국에서는 아메리칸 슈트인 어깨 라인이 부드럽고 허리 라인이 다소 펑퍼짐한 양복이 유행했다. 1950년대 말부터 1960년대 중반까지 전 세계적으로 모즈 룩(mods look)이 유행했는데, 이 트렌드의 특징은 라펠이 아주 좁다는 것이다. 1959년 당시 이승만 대통령이 착용한 옷은 모즈 룩의 특성이 잘 드러나 있다.

아메리칸 스타일의 양복을 즐겨 입은 이승만 전 대통령.

슈트(suit)
상의와 하의를 같은 천으로 만든 한 벌의 양복이다.

윤보선 대통령(재임: 1960~1962)
영국 신사스러운 멋을 드러낸 대통령

1950년대 말에 유행한 모즈 룩의 좁은 라펠은 1960년에 당선된 윤보선 전 대통령의 정장에도 나타난다. 다만, 윤 대통령은 개인적으로 스리 버튼 정장을 선호해 특별히 유행하지 않던 1960년대 초에도 많이 착용한 모습을 확인할 수 있다.

윤보선 전 대통령은 1960년 제4대 대통령 취임식에서 일반 정장을 착용했다. 이후 외국인 사절을 맞이할 때는 모닝코트를 착용해 '영국 신사'의 멋스러움을 드러내기도 했다.

윤보선 전 대통령의 이브닝코트는 뒷부분이 제비 꼬리 같다고 해서 흔히 연미복이라고도 불리는데, 저녁 6시 이후에 입는 정식 예복이다. 앞판이 허리 부분에서 단절되

영국식 양복을 주로 착용한 윤보선 전 대통령.

어 있고 양쪽으로 역사다리꼴 모양의 단추가 달려 있다. 뒷부분은 이브닝코트의 특징인 직사각 모양의 꼬리가 달려 있다. 라펠은 피크 형태의 공단으로 덧대어 광택을 냈으며, 바지는 바깥 솔기에 측장(blade)이라는 좁고 긴 검은 천을 두 줄 덧대었다. 이브닝코트는 셔츠, 베스트, 보타이, 스터드 모두 흰색으로 착용해야 한다. 따라서 초대장 드레스 코드에 'white tie(흰색 넥타이)'라고 쓰여 있다면 이브닝코트를 입고 오라는 뜻으로 해석해야 한다. 이때 구두는 광택이 있는 옥스퍼드 에나멜 구두나 오페라 펌프스를 신는다.

디너재킷은 이브닝코트의 약식 예복으로 턱시도라고도 일컫는다. 깃은 공단이 씌워지며 바지는 솔기가 보이지 않도록 측장을 댄다. 화이트 타이를 매는 이브닝코트와 달리 디너재킷은 블랙 타이를 맨다. 윤보선 전 대통령의 디너재킷은 1960년대 모즈룩의 영향을 받아 깃이 비교적 좁다.

박정희 대통령(재임: 1963~1979)
강인함과 결단력의 상징

1960년대 초부터 1970년대 말까지 20년 가까이 재임한 박정희 전 대통령의 옷차림을 통해 남성 복식의 격동기였던 1960~1970년대의 다양한 스타일을 확인할 수 있다. 1960~1970년대는 우리나라 경제가 급격히 성장하던 시기였던 만큼 남성 복식에도 많은 변화가 있었다.

박정희 전 대통령 역시 1960년대 중반까지는 라펠이 좁은 슈트를 주로 착용했고, 후반에는 패드가 얇아 어깨가 자연스러운 슈트를 많이 입었지만, 1970년대 들어서는 *콘티넨털(continental) 스타일을 선호했다. 박정희 전 대통령은 허리선을 강조한 컨티넨털 스타일도 잘 어울렸고, 비교적 상의 기장을 짧게 입는 편이었으며, 가격이 비싸지 않고 잘 구겨지지 않는 국산 혼방 원단을 선호했다.

1970년대부터 1980년대 초까지 유행했던 넓은 라펠의 투 버튼 네이비 슈트로, 소매 버튼은 당시 유행인 투 버튼이 적용되었다. 뒤트임의 경우는 양쪽에 2개를 트는 사이드 벤트가 인기를 끌었으나, 이 옷은 점잖아 보이는 센터 벤트가 적용되었다.

최규하 대통령(재임: 1979~1980, 권한대행 기간 포함)
당시 유행했던 라펠을 활용한 패션

1970년대 중반부터 1980년대 초반까지 남성복의 라펠은 둥글고 넓은 형태가 유행이었다. 최규하 전 대통령의 검정 슈트에서 당시에 유행한 라펠 형태를 확인할 수 있다. 이 외에 스리 버튼이나 핀스트라이프 패턴은 최규하 대통령의 큰 키, 다부진 체구와 좋은 조화를 이룬다.

허리선을 강조한 콘티넨털 스타일을 즐겨 입은 박정희 대통령.

콘티넨털 스타일
(continental style)

전형적인 유럽식 스타일로 컨티넨털은 유럽 대륙을 의미한다. 재킷 길이는 비교적 짧고 어깨가 다소 넓고, 패드가 두꺼우며, 허리선이 잘록하게 강조된 곡선미가 특징이다.

큰 키, 다부진 체구와 어울리는 양복을 착용했던 최규하 대통령.

김영삼 대통령(재임: 1993~1998)
신뢰와 권위의 상징

김영삼 대통령이 취임식 때 착용한 슈트는 아르마니 스타일의 특징을 반영해 실제 사이즈보다 어깨가 넓게 강조되어 있다. 넓은 어깨를 강조하면 상대적으로 얼굴이 작아 보이는 효과가 있다. 옷의 어깨가 체형보다 많이 넓어지면 자연히 어깨 양 끝은 처지게 되는데 이를 막기 위해 보다 두껍고 딱딱한 어깨 패드와 심지를 적용한다. 두꺼운 패드는 어깨를 높여 키를 커 보이게 하는 부수적 효과도 있으나 옷이 무거워져 착용감이 나빠지고 활동성에도 제한을 받는다는 단점이 있다. 시각적으로도 부드럽고 자연스러운 멋보다 인공적이고 딱딱한 느낌이 강하다.

1993년 김영삼 대통령이 취임식에서 입은 검정 정장은 라펠의 고지 라인이 조금 올라간 편이다. 고지 라인이 높으면 단추 위치를 내리지 않고도 라펠이 길어지는 효과가 있어 키가 크지 않은 체형에 알맞다. 트임이 없거나 하나만 있던 시절에 양쪽 트임을 주어 세련되고 단단한 느낌을 자아내는 영국식 슈트로, 김영삼 대통령의 체형을 보완해줬다.

김영삼 대통령의 네이비 슈트는 취임식 때 착용한 블랙 슈트에 비해 다소 펑퍼짐하고 부드러운 느낌을 준다. 상의 뒤트임도 가운데 하나만 튼 미국식 센터 벤트다. 멋보다는 실용성을 우선하는 미국식 슈트는 심지가 얇고 펑퍼짐한 게 특징이다.

슈트를 통해 넓은 어깨를 강조한 김영삼 대통령.

김대중 대통령(재임: 1998~2003)
포용과 전통의 상징

1990년대 후반에서 2000년대 초반까지 남성복의 대세는 스리 버튼 슈트였다. 1960년대 윤보선 전 대통령이 스리 버튼 슈트를 주로 입었지만 그것은 대통령의 기호에 의한 것일 뿐 당시 트렌드를 반영한 것은 아니었다.

김대중 전 대통령의 검정 슈트는 거의 모두 당시 트렌드를 반영한 스리 버튼 슈트였는데, 1990년대 중반에 비해 어깨가 다소 좁아졌다. 1990년대 중반까지 유행한 지나치게 넓은 어깨에서 탈피한 것이다. 스리 버튼 적용으로 V존이 짧아지면서 칼라 밑 깃 라펠도 짧아졌고, 그에 따라 라펠의 고지 라인도 약간 올라갔다. 전반적으로 군더더기 없이 딱 떨어지는 샤프한 느낌을 준다.

김대중 전 대통령은 슈트와 타이를 하지 않아도 되는 비공식 자리에서는 캐주얼한 세퍼레이트 재킷을 즐겨 입었다. 이 재킷은 상의와 하의를 다른 원단으로 만들고 원단의 색상, 패턴, 디자인도 자유로워 타이를 반드시 착용해야 하는 슈트와 달리 보다 편하고 친근한 느낌을 준다. 김대중 전 대통령은 세퍼레이트 재킷 역시 슈트 상의와 마찬가지로 주로 V존이 짧은 스리 버튼을 많이 착용했다.

당시 트렌드였던 스리 버튼 슈트를 주로 착용한 김대중 대통령.

평범하고 무난한 스타일을 즐겨 입은 노무현 대통령.

노무현 대통령(재임: 2003~2008)
소탈함과 권위의 조화

노무현 전 대통령은 옷으로 멋을 내기보다 전반적으로 무난한 스타일의 슈트를 즐겨 착용했다. 재임 당시 상의 뒤트임이 양쪽으로 2개 있는 사이드 벤트가 유행했는데도 트임이 없는 스타일을 고수했다.

물론 트렌드를 완전히 무시하지는 않았다. 2000년대 중반부터 노무현 전 대통령 의상은 스리 버튼에서 투 버튼으로 바뀌고, V존이 길어지면서 고지 라인이 조금 더 올라가 길어진 라펠이 반영되었다.

노무현 전 대통령은 2003년 제16대 대통령 취임식에서 체스터필드 코트를 착용했다. 이는 슈트 위에 입는 오버코트 중 가장 전형적인 코트로 꼽힌다. 체스터필드 코트는 칼라와 라펠 등의 형태가 슈트와 가장 비슷하다. 노무현 전 대통령이 착용한 코트는 단춧구멍이 숨어 있는 형태로 당시의 트렌드를 반영했다.

2000년대부터 오늘날까지 남성복은 점차 어깨 패드가 얇아져 자연스러움을 강조하고, 라펠의 고지 라인도 점점 높아져 키를 커 보이게 하는 효과를 주었다. 그러나 노무현 대통령의 의상은 이러한 시대적 흐름을 따르지 않고 평범하고 무난한 스타일을 선호했다.

이탈리아 스타일의 정장을 선호했던 이명박 대통령.

이명박 대통령(재임: 2008~2013)
비즈니스맨에서 인간적 리더로

이명박 전 대통령의 옷차림과 패션 스타일은 그의 비즈니스맨 이미지와 실용적인 접근 방식을 반영했다. 이명박 전 대통령은 주로 단정하고 실루엣이 살아 있는 이탈리아 스타일의 정장을 선호했다. 허리에 다트를 넣어 슬림하면서 고지 라인을 올리고, 넓은 라펠과 두꺼운 넥타이로 조화를 이루었다.

그는 대부분 청색 계통의 투 버튼 재킷을 즐겨 입었다. 패션 소품으로 안경, 구두, 브리프케이스를 매치하는 경우가 많았다. 이러한 스타일링은 경제 대통령으로서의 신뢰감을 주기 위한 전략적 선택이었다.

특히 그는 패션 소품으로 부드러운 프레임 안경을 활용해서 날카로워 보일 수 있는 눈매를 부드럽고 지적 이미지로 성공적인 변신을 연출했다. 또한 머플러를 활용해 따뜻하고 인간적인 이미지를 연출하기도 했다. 머플러를 한쪽으로 넘겨 캐주얼하게 연출한 모습은 따뜻함이 묻어나는 스타일로, 국민에게 친근한 이미지를 전달하는 데 도움을 주었다.

이명박 전 대통령의 타이 선택도 주목할 만하다. 주로 부드러운 색감의 솔리드나 붉은 초크 스트라이프 타이를 착용해 세련되면서도 자신감 있는 이미지를 연출했다.

박근혜 대통령 (재임: 2013~2017)
전통과 현대의 조화

박근혜 전 대통령의 옷차림과 패션 스타일은 대체로 단순하고 클래식하며, 공식 석상에서의 일관된 스타일을 유지하는 것으로 잘 알려져 있다. 그는 다양한 색상의 정장을 통해 여성 리더로서의 강력한 이미지를 연출했으며, 옷차림과 패션 스타일은 전통과 현대를 조화롭게 결합한 것이 특징이다. 색상과 디자인에 신경을 쓴 정장은 그의 단호함을 나타냈으며, 이는 여성 대통령으로서 차별화된 이미지를 강조했다. 밝은 색상부터 짙은 색상의 정장을 통해 다채로우면서도 절제된 리더십을 표현했다.

그의 한복 착용은 한국 문화를 존중하고 알리는 데 기여했으며, 단정하고 클래식한 정장은 권위와 신뢰를 강조했다. 해외 순방과 국내 행사에서 각각 다른 색상과 디자인을 선택해 상황에 맞는 이미지를 연출했으며, 심플하면서도 세련된 액세서리 선택으로 단정하고 품위 있는 패션을 완성했다.

그의 정장은 대부분 허리 라인을 강조한 디자인으로, 이는 그의 체형을 잘 살리면서도 깔끔하고 정제된 이미지를 만들어주었다. 또한 종종 정장 재킷에 브로치를 매치해 포인트를 주곤 했다. 이는 단조로울 수 있는 정장 스타일에 약간의 장식 요소를 더해 공식적이면서도 여성스러운 느낌을 부각시켰다. 해외 순방 때 그의 옷차림은 클래식했다. 예를 들어 미국을 방문했을 때는 밝은 파란색 정장에 흰색 블라우스를 매치해 신뢰감과 품위를 강조했다. 이러한 색상 조합은 외교적으로 중요한 자리에서 한국을 대표하는 대통령 이미지를 강화했다.

심플하면서도 클래식한 스타일을 고수한 박근혜 대통령.

문재인 대통령 (재임: 2017~2022)
신뢰와 친근함의 상징

문재인 전 대통령은 대체로 세미 클래식 스타일의 재킷을 선호했으며, 라펠과 고지 라인이 지나치게 강조되지 않은 심플한 디자인을 주로 선택했다. 문재인 전 대통령은 공식 석상에서 짙은 네이비 색상의 슈트와 사선형 푸른 넥타이를 자주 착용했는데, 이는 안정감과 신뢰감을 주는 동시에 자신감과 강인함을 표현하기 위한 선택이었다. 슈트 스타일은 네이비 계열의 컬러와 좁고 길지 않은 바지로 구성했으며, 슈트 핏이 적절했다.

문재인 전 대통령은 전반적으로 차분하고 단정한 이미지를 강조하는 스타일을 유지하고 있다. 공식적 자리에서는 주로 다크한 컬러의 정장에 화려하지 않은 클래식한 패턴 또는 단색의 넥타이를 매는 것을 선호한다. 파란색 계열의 넥타이를 자주 착용하는데, 이는 청렴하고 신뢰를 주는 이미지를 전달한다. 흰 셔츠와 함께 차분한 색상의 넥타이를 매치해 포멀한 스타일을 완성하며, 넥타이 폭도 너무 넓거나 좁지 않은

심플한 스타일의 슈트를 선호한 문재인 대통령.

적당한 크기를 선택해 깔끔함을 유지한다.

비공식적 자리나 좀 더 편안한 상황에서는 니트나 캐주얼한 스타일의 재킷을 활용한다. 특히 니트와 함께 편안한 표정으로 대화하는 모습에서는 인간적이고 소탈한 이미지를 보여주려는 의도가 드러난다. 이때도 전체적인 컬러 톤은 블루나 그레이 같은 차분한 계열로 유지해 안정감을 준다.

윤석열 대통령(재임: 2022~현재)
포켓치프로 완성한 품격과 신뢰 리더십

윤석열 대통령의 옷차림과 패션 스타일은 전통적인 정장을 중심으로 안정적이고 신뢰감을 주는 이미지를 전달한다. 윤석열 대통령은 클래식한 스타일로 넓은 라펠과 정통 슈트 실루엣이 특징이며, 아메리칸 스타일과 브리티시 스타일의 조화를 살렸다. 타이트한 핏보다는 전통적인 라인을 중시해 품이 넉넉한 재킷을 선호한다. 이러한 스타일은 강직하고 신뢰감 있는 이미지를 강화한다.

윤 대통령은 짙은 색상의 슈트를 기본으로 하되 네이비와 회색 계열의 슈트도 즐겨 입으면서 고급스럽고 깔끔한 이미지를 연출한다. 넥타이는 붉은색을 기본으로 하지만 상황에 따라 다양한 색상과 패턴을 선택한다. 대체로 클래식하고 보수적인 디자인을 선호하면서 활동성을 고려해 아메리칸 스타일의 슈트를 선호하는 것으로 분석된다. 아메리칸 스타일 슈트는 자연스러운 어깨 라인을 강조하는 것이 특징이다. 그런데 윤석열 대통령의 경우에는 어깨 라인을 자연스럽게 강조해서 조화와 균형감을 살렸다. 그리고 몸에 딱 맞는 유럽식 슈트와 달리 여유로운 실루엣을 유지하며 활동성과 편안함을 높였다.

재킷의 뒷부분에는 하나의 슬릿이 있는 싱글 벤트를 주로 사용해 움직임이 자연스럽고 실용적이다. 아메리칸 스타일 슈트는 넓은 라펠과 낮은 골지가 있어 클래식한 느낌을 준다. 전체적으로 직선적이며 박스형 실루엣을 유지해 전통적인 대통령 이미지를 강조한다. 디자인적으로는 실용성과 단순함을 중시해 장식보다는 기본에 충실하며, 정돈되고 기능적인 디테일이 돋보인다. 이러한 요소들은 편안하면서도 클래식한 느낌을 준다.

이 같은 스타일은 공적 자리에서 품위를 유지하는 데 기여하며, 정장 스타일은 그의 법조인 출신이라는 배경과 어우러져 법과 원칙을 중시하는 리더로서의 이미지를 강조한다. 공식 자리에서는 포켓치프로 포인트를 주는데, 이는 안정적이고 신뢰감 있게 보이는 데 큰 역할을 한다. 윤 대통령의 패션 스타일은 단순히 개인의 편안함을 넘어 공적 자리에서의 품위를 유지하고, 국민에게 신뢰감을 주려는 노력이 담겨 있다.

활동성과 편안함을 높인 스타일을 선호한 윤석열 대통령.

이처럼 각 대통령의 재킷 스타일은 그들이 속한 시대의 패션 흐름을 반영하면서도 개성과 정치적 메시지를 전달하는 도구로 활용되었다. 이를 통해 대통령의 스타일이 단순한 유행을 넘어 시대적 가치와 리더십을 상징하는 중요한 요소로 작용했음을 알 수 있다.

대한민국 역대 대통령들의 패션 스타일은 그들의 정치적 메시지와 리더십 스타일을 반영하며 국민에게 강력한 이미지를 전달하는 중요한 역할을 했다. 전통적인 정장, 캐주얼한 스타일, 전통 한복에 이르기까지 대통령은 시대적 상황과 개인의 특성에 맞는 패션을 통해 자신들의 이미지를 브랜딩했다. 이러한 패션 선택은 단순한 외모를 넘어 국민과의 소통, 권위, 친근함 등의 다양한 메시지를 전달하는 중요한 요소로 작용했다.

표현의 도구:
정치인의 시그너처 아이템

등장하는 인물

제임스 밴스 제50대 미국 부통령　　팀 월즈 제41대 미국 미네소타주 주지사　　우르줄라 폰데어라이엔 제13대 유럽연합 집행위원회 위원장

카야 칼라스 제19대 에스토니아 총리　　질 바이든 제46대 미국 대통령 부인　　힐러리 클린턴 전 미국 국무장관

멜라니아 트럼프 제45대 미국 대통령 부인　　미셸 오바마 제44대 미국 대통령 부인　　재클린 케네디 제35대 미국 대통령 부인

그레이스 쿨리지 제30대 미국 대통령 부인　　메리 토드 링컨 제16대 미국 대통령 부인　　테리사 메이 제76대 영국 총리　　찰스3세 영국 국왕

무함마드 빈 살만 사우디아라비아 왕세자　　존 페터먼 미국 펜실베이니아주 상원의원　　니키 헤일리 전 주유엔 미국대사

알렉산드리아 오카시오코르테스 미국 뉴욕주 하원의원　　이방카 트럼프 미국 사업가 및 정치인　　우리나라 역대 영부인

패션의 두 얼굴, 해방의 도구인가 억압의 올가미인가?

패션은 성별·인종·계급에 대한 이해를 형성하는 강력한 도구로, 자유를 위한 도구가 되기도 하고, 때로는 억압의 수단이 되기도 한다. 패션의 양면성은 다양한 역사적 사례를 보면 알 수 있다.

먼저 식민지 시대의 패션은 해방을 위한 도구로 사용되었다. 예를 들어 알제리 여성들은 히잡을 사용해 프랑스 식민 지배에 저항했고, 인도에서는 간디가 인도의 전통 옷을 통해 경제적 민족주의를 촉진했다. 이처럼 패션은 식민지 해방 운동에서 중요한 역할을 했다.

그뿐 아니라 페미니즘 운동에서도 중요한 도구로 활용되었다. 19세기 제1차 페미니즘에서는 블루머 같은 의상이 여성 억압에 대한 저항의 상징으로 사용되었다. 20세기에는 코코 샤넬(Coco Chanel)이 여성복의 남성화를 통해 여성의 자유를 강조했으며, 1960년대의 미니스커트는 전통적 여성성에 대한 반항의 상징이 되었다. 시민권 운동에서도 패션은 중요한 역할을 했다. 로자 파크스(Rosa Parks) 같은 활동가들은 단정한 옷차림을 통해 흑인에 대한 인종차별적 고정관념을 깨뜨리려 했고, 미국 급진주의 흑인인권단체인 블랙팬서당은 아프리카 문화 요소를 결합한 패션으로 자신들의 정체성을 표현했다. 이처럼 패션은 인간의 정체성, 사회구조, 정치 변화를 형성하는 중요한 변수가 될 수 있다.

정치인의 복장은 공적 이미지 및 명예와 직결

2023년 가을, 미국 상원의원 존 페터먼의 복장 논란이 있었다. 페터먼 의원은 미국 상원의 전통적 복장 규정을 무시하고 캐주얼한 복장으로 상원 회의에 참석했다. 그는 주로 후드티, 농구 반바지, 스니커즈 등으로 상원에서 모습을 드러냈다. 이로 인해 미국 상원은 기존의 엄격한 드레스 코드 규정을 완화해 더 이상 상원의원이 정장을 입을 필요가 없도록 허용했다.

하지만 이 변화는 많은 논란을 불러일으켰다. 비판자들은 이러한 규정 완화가 상원의 위엄과 전통을 훼손한다고 주장했으며, 페터먼 의원의 복장 선택이 국가의 공식적 이미지를 약화시킬 수 있다고 지적했다. 결국 페터먼 의원이 다시 정장을 입도록 압박받으면서 규정이 원래대로 돌아가는 결과를 초래했다. 이 사건은 정치인의 복장이 공적 이미지와 국가의 명예에 얼마나 큰 영향을 미치는지를 보여주었다.

이에 정치인과 그 배우자는 종종 특정 패션 아이템을 통해 자신들의 정

캐주얼한 복장으로 상원 회의에 참석한 존 페터먼 의원.

치적 메시지를 전달하거나 이미지를 강화한다.

이 챕터에서는 세계적 정치인과 그 배우자가 사용한 다양한 시그너처 아이템을 통해 어떻게 대중의 마음을 사로잡고, 정치적 메시지를 전달했는지 살펴본다.

제50대 미국 부통령 제임스 밴스의 넥타이와 턱수염

미국 공화당 부통령으로 당선된 제임스 밴스(J.D. Vance)의 패션 스타일은 전형적인 정치인 스타일을 보여준다. 깔끔하고 보수적인 정장 스타일을 기본으로 하는 밴스는 주로 어두운 색상의 정장, 흰색 또는 파란색 셔츠, 그리고 타이를 매치하는 모습을 자주 보인다. 이러한 패션 선택은 그의 정치적 이미지와 일치하며, 안정적이고 신뢰감을 주는 인상을 연출한다.

밴스는 중요한 행사에서 주로 어두운 네이비블루 또는 차콜 그레이 색상의 정장을 선택하는데, 이는 그의 전통적인 이미지와 일관성을 유지하는 데 도움을 준다. 또한 간결하고 단정한 스타일을 위해 종종 단색의 타이를 착용한다. 이러한 스타일은 정치적 자리와 공공연한 연설에서 특히 돋보인다. 밴스의 스타일은 정치적 활동 중에도 변함없이 유지된다.

공화당 전당대회에서 노란색 타이를 착용한 제임스 밴스.

예를 들어 2024년 7월 공화당 전당대회에서 네이비블루 정장과 흰색 셔츠에 푸른 타이부터 노란색 타이 그리고 레드 타이 등을 골고루 착용했다. 특히 주목할 점은 공화당 대통령 후보인 트럼프와 다른 색상의 넥타이를 선택했다는 것이다. 이 같은 선택은 그가 공식적 자리에서는 보수적이고 안정적인 이미지를 바탕으로 하되 새로우면서도 역동적인 다양성을 일관되게 강조하고 있음을 보여준다.

밴스의 이러한 스타일은 정치인으로서 이미지를 강화하고, 공적 자리에서 신뢰감을 주는 데 중요한 역할을 한다. 그의 수염은 젊은 나이를 보완하면서 성숙하고 강인한 인상을 주며, 정치적 신뢰도를 높이는 효과가 있다.

밴스는 회고록 <힐빌리의 노래>를 출간해 전국적 명성을 얻었다. 힐빌리(hillbilly)는 '촌뜨기'라는 의미로, 미국에서 '가난하고 소외된 백인 계층'을 의미한다. 이러한 그의 이미지는 많은 미국인이 현재 정치 시스템에 소외감을 느끼는 상황과 공감대를 형성하는 데 도움을 줬다. 2016년에는 트럼프를 공개적으로 비판하지만 2021년 '폭스뉴스'와의 인터뷰에서 트럼프에 대한 비난을 사과하며 이후 그의 강력한 지지자로 변신했다. 밴스의 부통령 지명은 대중에게 젊고 새로운 인물을 통해 유권자들에게 어필하려는 트럼프의 전략적 선택으로 풀이된다.

소박함으로 대중과 소통하는 정치적 진정성, 팀 월즈

팀 월즈(Tim Walz)의 패션 시그너처는 소박하고 현실적인 스타일이다. 그는 플란넬 셔츠, 카모 모자, 칼하트 작업복 등을 자주 착용하는데, 이는 그가 중서부 출신이라는 점을 강조하면서 노동자 계층과의 연대를 시각적으로 보여주는 핵심 요소다. 이러한 복장은 그가 단순히 정치인이 아니라, 평범한 사람들과 같은 삶을 살아온 인물임을 드러내며 대중과의 심리적 거리감을 줄여준다.

월즈의 패션 전략은 정치적 메시지와도 긴밀히 연결되어 있다. 정치인이 보통 선택하는 깔끔하고 정제된 정장 대신 일상적이고 친근한 이미지의 옷을 입으며 '나도 당신들과 같은 사람'이라는 메시지를 전달한다.

이는 엘리트 정치인들과 차별화를 꾀하며, 특히 미국 중서부나 러스트 벨트 지역의 유권자에게 신뢰감을 주는 데 효과적이다. 이들 지역의 유권자들은 워싱턴 정치권 인물들에 대해 거리감을 느끼는 경우가 많기 때문에 월즈의 소박한 스타일은 그들과의 심리적 연결 고리를 강화한다. 또한 월즈가 즐겨 입는 칼하트 브랜드는 오랜 시간 중산층 노동자들 사이에서 사랑받아 온 상징적 의미를 지니고 있다. 이를 통해 월즈는 자신의 패션을 단순한 스타일을 넘어 정치적 정체성의 연장선으로 활용한다. 그는 대중에게 진정성을 강조하며, 블루칼라 이미지를 인위적으로 연출하려는 정치인과는 차별화된 접근을 보여준다.

카모 모자 역시 월즈의 패션에서 중요한 역할을 한다. 이 모자는 그가 해리스 부통령으로부터 러닝메이트 제안을 받았을 때 쓰고 있었던 아이템으로, 이후 해리스 캠프에서 굿즈로 출시되어 큰 인기를 끌었다. 이는 월즈의 평범하면서도 진솔한 이미지를 강화하고, 해리스 캠프가 그를 어떻게 전략적으로 활용하고 있는지를 보여주는 사례다.

팀 월즈의 카모 모자는 해리스 캠프 굿즈로 출시되며 30분 만에 매진됐다.

월즈의 패션 전략은 그가 대중과 소통하는 방식의 일환으로, 자신의 정치적 진정성을 부각시키는 핵심 요소다. 이러한 스타일은 그가 대중에게 쉽게 다가갈 수 있도록 도와주며, 유권자들이 그의 메시지와 정체성을 더 쉽게 받아들이도록 한다. 이로써 월즈는 단순한 후보 이상의 친근한 이웃 같은 이미지로 자리 잡고 있다.

백발과 네이비 슈트, 팀 월즈의 신뢰를 담은 클래식 패션 전략

팀 월즈의 산타클로스 같은 자애로운 미소와 패션 스타일은 그의 이미지와 메시지를 효과적으로 전달하는 중요한 요소다. 밀워키에서 열린 바이든-해리스 캠페인 및 DNC 기자회견에서 그는 네이비블루 슈트와 흰색 셔츠를 착

민주당 전당대회에서 해리스와 함께 청중에게 인사하는 팀 월즈.

용했다. 강렬한 레드 타이를 매치했는데 이 조합은 그가 전하는 메시지의 신뢰성과 무게감을 더해준다.

그의 백발과 흰 눈썹은 네이비블루 슈트와 대비되어 더욱 돋보이며, 그의 경험과 세월의 흔적을 강조한다. 월즈는 해리스 부통령과 함께 한 기자회견에서 네이비블루 슈트와 흰색 셔츠, 파란색 타이를 착용한 바 있다. 이는 해리스의 이미지와 조화를 이루며, 팀워크와 통일성을 강조한다. 파란색 타이는 그의 정책적 신념과 일관성을 나타내는 요소다.

2023년 주지사 연설에서는 네이비블루 슈트에 은은한 스트라이프 셔츠, 안경을 착용해 차분하고 전문적인 이미지를 더욱 부각시켰다. 이처럼 팀 월즈의 패션 스타일은 그의 역할과 상황에 따라 신중하게 선택된다. 슈트와 셔츠·넥타이·안경의 조합은 그가 전달하고자 하는 메시지와 이미지에 중요한 영향을 미치며, 이는 유권자에게 신뢰성과 친근감을 동시에 준다. 월즈는 세월의 흔적을 고스란히 드러내는 백발과 흰 눈썹을 통해 높은 경륜과 신뢰를 전달하는데, 이는 해리스 부통령과의 조합에서 중요한 역할을 하는 경쟁력이라고 분석된다.

검은색 바지와 파스텔 톤 재킷으로 정치적 가치 전달, 여성 최초 연임 유럽연합 집행위원장

'철의 여인'으로 일컫는 우르줄라 폰데어라이엔(Ursula von der Leyen)이 66년 만에 여성 최초로 유럽연합(EU) 집행위원장으로 연임되는 데 성공했다. 폰데어라이엔은 주로 중립적 색상이나 파스텔 톤 재킷에 블랙 슬랙스를 착용하며, 목걸이나 시계 및 스카프 등 간결한 액세서리로 프로페셔널한 이미지를 연출한다. EU 집행위원장 인준 투표장에서도 예외 없이 연한 핑크색 재킷에 화이트 이너웨어를 입고, 검은색 바지와 구두를 매치했다. 그가 검은색 바지를 자주 입는 이유는 여러 가지로 분석할 수 있다.

먼저, 검은색은 전통적으로 전문성과 권위를 나타내는 색상으로 신뢰성과 안정감을 전달하기 위해 선택할 수 있다. 또한 검은색 바지는 다양한 상의와 잘 어울리고, 여러 상황에서 쉽게 스타일링할 수 있으며, 그의 정치 무대에서 단정하고 세련된 모습을 유지하는 데 도움을 준다. 이는 바쁜 일정과 다양한 역할을 수행하는 정치인에게 실용적인 선택이다. 더불어 검은색 바지를 일관되게 입음으로써 자신의 스타일에 대한 연속성을 유지하며, 자신의 브랜드 이미지를 구축하는 데 도움이 된다. 마지막으로 검은색은 중립·중용의 색상으로, 민감한 정치적 자리에서 불필요한 논란을 피할 수 있게 해준다. 그

파스텔 톤 재킷으로 시선을 사로잡는 우르줄라 폰데어라이엔.

는 또한 환경보호와 지속 가능성에 대한 의지를 강조하기 위해 녹색 의상을 선택하는 경우가 많다.

2019년 유럽 그린 딜 발표 때 녹색 블레이저를 착용해 기후변화 대응의 중요성을 시각적으로 전달했다. 이런 패션 선택은 단순한 스타일 이상의 의미를 지니며, 정치적 메시지와 국가적 정체성을 강화하는 데 크게 기여한다.

에스토니아 전통 의상 착용,
국가적 자부심과 정체성 강조한 카야 칼라스

카야 칼라스(Kaja Kallas)는 에스토니아 전통 의상을 착용하며 국가적 자부심과 정체성을 강조한다. 에스토니아의 독립 기념일 같은 중요한 행사 때 전통 무늬와 디자인의 의상을 착용하는 칼라스는 스커트 정장이나 간결한 스타일을 선호하며, 강력한 메시지를 전달하는 데 중점을 둔다. 주로 블랙과 그레이 등의 단색 의상을 입고, 중요한 연설이나 회의에서는 강렬한 색상의 액세서리를 착용해 주의를 끈다.

또한 우크라이나에 대한 지지를 표명하기 위해 우크라이나 국기를 연상시키는 옐로와 블루 색상의 의상을 착용한 바 있다. 이처럼 칼라스는 패션을 통해 자신의 정치적 입장과 가치를 효과적으로 전달하고 있는데, 이는 대중과의 소통에서 중요한 역할을 한다.

간결한 스타일을 선호하는 카야 칼라스.

국가의 당대 여성 이미지를 상징하는 유일한 지위와 역할
퍼스트레이디 패션의 중요성

한 국가 대통령의 배우자, 퍼스트레이디는 해당 국가의 여성들을 대표하는 유일한 지위와 역할을 수행할 뿐 아니라, 당대 여성의 이미지를 상징하는 대표 인물이라 할 수 있다. 또한 퍼스트레이디는 사회 지도층 여성으로서 대중의 많은 관심을 받고 있기에 대내외적 활동뿐 아니라 패션 스타일로도 대중에게 이미지를 전달한다. 그만큼 퍼스트레이디의 패션 스타일과 이미지의 영향력은 시대 흐름에 따른 대중의 관심과 함께 점점 커지고 있으며, '퍼스트레이디'를 주제로 한 드라마나 다큐멘터리도 대거 등장하면서 화제를 모으고 있다. CNN 오리지널 다큐멘터리 '퍼스트 레이디스: 백악관의 여성들'은 미국 역사상 크게 주목받은 영부인의 삶을 다뤘다. 미국 최초의 유색인종 출신 영부인 미셸 오바마부터 재클린 케네디 등 각자 이미지가 확연히 다른 6인의 퍼스트레이디가 어떻게 그 무거운 자리를 지켜내는지에 관한 스토리다.

해당 다큐멘터리에서는 퍼스트레이디의 이미지 가치를 각자 어떻게 브랜딩하는지와 인격 및 가치관을 짐작하게 하는 퍼스트레이디 패션도 큰 볼거리였다. 여성 표심이 후보별 승패를 좌우할 캐스팅보트가 될 수 있기 때문에 양 진영의 퍼스트레이디 옷차림이 더욱 중요해지고 있다. 퍼스트레이디 패션은 시대적 주요 이슈를 전하는 브리핑이기 때문이다.

퍼스트레이디의 패션은 국가 경제와 문화 수준을 보여주는 척도이자 대중의 관심을 끌며 정치적 메시지를 전달하는 매우 효과적인 도구다. '패션 폴리틱스(fashion politics)'라 일컫는 이 전략은 퍼스트레이디가 패션을 통해 정치적 메시지를 전달하고 대중과 소통하는 데 중요한 역할을 한다.

외교를 좌우하는 영부인의 옷차림

퍼스트레이디는 미국연방법전(USC) 제3편 제105조에 '대통령의 배우자(first spouse)'라는 법적 용어를 사용하지만, 보통 대통령의 부인 또는 주지사의 부인 등 제1급 부인으로 인식된다. 퍼스트레이디는 대통령을 돕는 역할을 하며, 국가의 정치적 방향과 소프트 파워를 반영하고 국민과의 소통 및 국가의 문화 홍보 등 여러 가지 중요한 임무를 수행한다.

패션은 고대부터 정치 수단으로 사용되어왔다. 이집트 여왕 핫셉수트(Hatshepsut)는 남편이 죽은 후 남성적 왕족 예복을 입고 권력과 우월성을 표출했다. 중국의 측천무후(則天武后)나 서태후(慈禧太后) 역시 권력과 신분을 강조하기 위해 패션을 활용했다. 이는 현대 퍼스트레이디의 패션에도 이어지고 있다. 재클린 케네디부터 미셸 오바마까지 미국의 퍼스트레이디들은 자신의 역할을 수행하면서 패션을 적극적으로 활용했다.

재클린 케네디는 그의 스타일을 통해 미국 여성들에게 영향을 주었으며, 미셸 오바마는 각종 행사에서 다양한 패션을 통해 정치적 메시지를 전달했다. 패션은 또한 상대방에게 호감을 전하고, 자신의 이미지를 강화하며, 정치적 메시지를 홍보하는 수단이 된다. 이를 통해 개인적인 정치철학과 국가의 분위기를 보여준다.

존재감을 강조한 질 바이든의 반짝이는 하늘색 드레스

질 바이든(Jill Biden) 여사가 2024 민주당 전당대회에서 입은 랄프 로렌의 하늘색 반짝이는 드레스는 논란을 일으키며 주목받았다. 이 드레스는 화려한 광택과 눈에 띄는 반짝임이 특징으로, 전통적 스타일에서 벗어난 파격적 선택이었다. 패션 전략 측면에서 이 드레스는 행사 분위기를 반영하면서도

2024 민주당 전당대회에서 반짝이는 하늘색 드레스를 입은 질 바이든.

강렬한 시각적 임팩트를 남기기 위한 의도로 보인다.

질은 이 드레스를 통해 무대에서 빛나면서도 자신의 존재감을 강조하고자 했던 것으로 분석된다. 드레스의 반짝이는 요소는 그의 연설과 메시지에 화려함을 더했으며, 이러한 스타일은 행사에서 그가 중심인물로 자리 잡게 하는 효과를 발휘했다. 하지만 이 패션 선택은 소셜 미디어에서 다양한 반응을 불러일으켰다. 일부 사람들은 이 드레스를 '선물 포장지'나 '자동차 부품'에 비유하며 비판했지만, 이 같은 과감한 패션 선택에서 질의 의지를 읽을 수 있었다.

── 'VOTE' 패션 정치, 대선 후보 교체론 맞불

조 바이든 대통령이 대선 후보 사퇴를 하기 전, 미국 대선의 중요한 분수령으로 여겨지는 첫 TV 토론회가 2024년 6월, 조지아주 애틀란타에서 열렸다. 민주당의 조 바이든 대통령과 공화당의 도널드 트럼프 전 대통령이 4년 만에 다시 TV 토론에서 맞붙은 것이다. '트럼프 우세'라는 여론이 압도적인 가운데 〈뉴욕 타임스〉가 조 바이든 대통령에게 민주당 대선 후보를 사퇴하라며 압박하기도 했다. 이밖에 여론 조사에서 대다수의 대중도 트럼프가 승리했다고 확언했다. 이처럼 조 바이든 대통령이 부진한 모습을 보이는 가운데 질은 패션 정치를 펼치며 대선 후보 교체론에 맞불 작전을 펼쳤다.

〈뉴욕 포스트〉 등에 따르면 질은 화이트로 'VOTE(투표하라)'라고 쓰인 블랙 옷을 입고 노스캐롤라이나주에서 진행된 바이든 대통령의 유세 현장에 등장하며 주목받았다. 질은 패션으로 메시지를 전한 것은 토론회 이후 바이든 대통령에 대한 부정적 여론이 팽배한 가운데 대중의 관심을 패션으로 분산시키기 위한 전략으로 분석된다. 바이든 대통령의 부정적 논란이 극에 달한 상황에서 질은 'VOTE'라고 적힌 의상을 선택한 것은 민주당 대선 후보 교체론을 일축하는 성명이라고 볼 수 있다고 보도했다.

'VOTE'라는 글씨를 크게 쓴 옷을 입은 질 바이든.

〈뉴욕 타임스〉에 따르면 질은 글씨가 적힌 의상을 착용한 것은 지난 4년 동안 이번이 세 번째다. 첫 번째는 2021년 6월 영국 콘월에서 열린 G7 정상회담에서 'Love'라는 글자가 쓰인 블랙 블레이저를 착용했다. 이 의상은 단결과 연민의 메시지를 전달하는 것으로 언론이 보도한 바 있다.

두 번째는 질은 퍼스트레이디가 되기 전 2020년 선거 참여를 독려하기 위해 'VOTE'라는 단어가 강조된 검은색 스튜어트와이즈먼 부츠를 착용한 것이다. 이 같은 사례들은 질은 패션을 통해 강력한 메시지를 전달하는 것의 중요성을 인지하고 있음을 보여준다.

실용성과 편안함 중시하는 'Dr. Biden' 패션 정체성

질은 윤석열 대통령 부부와의 미국 백악관 국빈 만찬에서 질은 연한 보라색 실크 드레스를 착용했다. 심플한 실루엣의 단색 드레스에 대해 〈뉴욕 타임스〉는 바이든 여사의 패션은 자신을 '트로피 부인'이 아닌 옆집에 사는 일하는 대통령 부인으로 설정하고 싶어 한다고 분석했다. 이러한 전략은 지나치게 화려한 패션보다는 실용성과 편안함을 중시하는 그의 성향을 반영한다.

질은 영부인이 된 후에도 영문학 교수로 근무하면서 '일하는 영부인'으로 인식되고 있으며, 그의 패션 선택은 이러한 이미지와 잘 맞아떨어진다. 질은 보여주기식 패션보다 실용적이고 편안한 스타일을 선호하는 것으로 분석되는데, 이는 그의 직업적 정체성과도 연결된다. 또 꽃무늬 드레스를 통해 따뜻하고 친근한 이미지를 강조하기도 했다.

그의 패션 선택은 자연스럽고 접근하기 쉬운 이미지를 부각하는 동시에 여성의 강인함과 아름다움을 상징한다. 이는 퍼스트레이디로서 역할을 수행하는 데 중요한 메시지를 전달한다. 또한 그는 재활용할 수 있는 패션을 통해 실용성과 환경을 동시에 고려한 선택을 한다. 2021년 바이든 대통령 취임식에서 입은 옷을 다시 입는 등 같은 의상을 반복해서 입는 모습을 선보이기도 했다.

실용적이면서도 친근한 옷을 주로 입는 질 바이든.

이런 선택은 그가 대통령 부인으로서가 아니라, 실제로 일하는 'Dr. Biden(바이든 박사)'으로서 모습을 강조한다고 할 수 있다. 이러한 그가 대선 후보 TV 토론 직후 'VOTE'라는 글자가 여러 개 쓰인 옷을 입고 등장했다는 것은 그만큼 조 바이든 대통령에 대한 대중의 지지 결집이 시급함을 보여준다고 풀이된다.

질의 옷차림과 패션 스타일은 실용성과 우아함을 동시에 추구하는 것으로 알려져 있다. 2024년 3월, 미국 조지아주 애틀랜타 유세 현장에서 그는 그린 컬러의 라운드넥 의상을 입고 바이든 대통령의 지지 연설을 했다. 공식적 연설 자리에서는 주로 우아하고 전통적인 스타일을 취하되, 패션이 지나친 화제가 되는 것을 원하지 않는 성향으로 분석된다. 정갈하면서도 실용적이고 자연스러운 패션을 선호하는 질의 스타일은 '학생을 가르치는 영부인'이라는 이미지 브랜딩을 강화하는 데 기여하고 있다.

바이든 여사의 빨간색 팬츠 정장

미 대선 투표일에 빨간색 팬츠 정장을 입고 등장해 큰 파장을 일으킨 질 바이든.

미국 대선 투표일 당일, 질은 투표장에 빨간색 팬츠 정장을 착용하고 등장해 미디어와 대중의 주목을 받았다. 빨간색은 통상적으로 공화당을 상징하는 색으로, 그의 남편 조 바이든 대통령이 속한 민주당의 상징 색인 파란색과 정

반대 색상을 선택했다는 것이 논란이 되었다. 패션을 통한 반항 또는 우회적인 정치 입장 표현으로 해석될 수 있기 때문이다.

학계에서는 패션을 통한 반항(rebellion)을 개인의 정치적 입장을 우회적으로 표현하는 방법으로 해석하기도 한다. 이를 이해하기 위해서는 패션의 상징성과 정치적 커뮤니케이션에서 색채가 지니는 의미를 분석할 필요가 있다. 패션과 정치의 교차점에 관한 학술 연구는 이 주제를 다양하고 심도 있게 논의하고 있으며, 정치인이 선택하는 의상이 대중의 인식과 정치적 메시지 전달에 어떤 영향을 미치는지에 대해 깊이 있는 통찰을 주기 때문이다. 학자들은 색채가 정치적 메시지를 전달하는 데 중요한 역할을 한다고 말한다. 특히 색상은 정치적 소속과 정체성을 표현하는 강력한 상징으로 작용한다.

질의 이러한 선택은 그의 남편 조 바이든 대통령의 민주당 대선 후보 사퇴와 관련해 내부 갈등과 불만을 상징적으로 드러낸 것으로 해석할 수도 있다. 이처럼 패션은 때로 말로 표현하기 어려운 정치적 또는 개인적 불만을 드러내는 도구로 사용될 수 있다. 질의 개인적 또는 정치적 입장은 아직 확인된 바가 없으나 이 사례를 통해 볼 때 공적 인물의 패션과 색상 선택은 그 자체로 강력한 정치적 의미를 내포한다. 그리고 패션이 중요한 정치적 메시지를 얼마나 민감하게 전달할 수 있는지를 잘 보여준다.

화이트 팬츠 슈트로 전한 힐러리 클린턴의 여성 리더십 메시지

전 미국 영부인이던 힐러리 클린턴(Hillary Clinton) 전 국무장관은 2024년 시카고에서 열린 민주당 전당대회에서 화이트 계열의 랄프 로렌 트위드 재킷과 화이트 팬츠 패션을 선보였다. "해리스 부통령과 나는 가장 높고 견고한 유리 천장에 균열을 냈다는 공통점이 있다"며 "이를 완전히 깨뜨릴 날도 얼마 남지 않았다"고 강조했다.

시카고 민주당 전당대회에서 화이트 패션을 선보인 힐러리 클린턴.

그가 화이트 팬츠 정장을 선택한 이유는 유리 천장을 언급한 메시지의 연장선상으로 여성 참정권 운동가들이 상징적으로 사용한 색상 '화이트'를 기리기 위해서다. 이 색상은 여성의 권리와 투쟁을 나타내며, 힐러리는 이를 통해 역사적 연대감을 표현했다. 특히 힐러리는 여성의 정치적 진출을 상징하는 이 색상을 통해 카멀라 해리스와 함께 여성 리더십의 계승을 강조하고자 했다고 분석된다. 이처럼 패션은 정치 메시지와 일관성을 갖는 것이 핵심이다.

─ '파워 아웃핏'으로 리더십과 강한 이미지 보인 힐러리 클린턴

힐러리는 다양한 패션 선택을 통해 자신의 정치적 이미지와 메시지를 전달해왔다. 그의 스타일은 종종 논란의 대상이 되기도 했지만, 동시에 개인의 개성과 자신감을 표현하는 수단으로 작용했다.

그는 2001년 뉴욕 상원의원으로 취임할 때 밝은 핑크색 정장을 착용해 많은 주목을 받았다. 이 선택은 일부 비판을 받았지만, 전통적 정치 의상의 규범을 깨고 자신의 스타일을 유지하려는 시도로 해석될 수 있다. 힐러리는 이후에도 다양한 색상과 디자인의 정장을 통해 자신의 패션 감각을 꾸준히 보여주었다.

힐러리의 스타일은 주로 '파워아웃핏'으로 불리며, 그의 리더십과 강한 이미지를 강화하는 역할을 했다. 예를 들어 1993년 아칸소 주지사 취임 무도회에서 착용한 보석 톤의 레이스 가운이나 2000년 선거일에 입은 전형적인 팬츠 슈트와 스웨터 조합은 그의 독특한 패션 선택을 잘 보여줬다.

또한 그는 중요한 행사에서 색상과 디자인을 통해 메시지를 전달하기도 했다. 2016년 대통령 선거 유세 때는 깔끔한 디자인과 강렬한 색상의 의상을 자주 선택했으며, 2017년 스완지에서 열린 힐러리 로댐 클린턴 법학부 명명식에서는 노란색 재킷을 선택해 주목받았다.

이러한 패션 선택은 그의 정치적 이미지를 강화하는 동시에 대중과의 소통을 위한 훌륭한 도구로 작용했다. 힐러리는 이러한 패션을 통해 여성 리더로서의 강인함과 개성을 표현하며, 정치적 메시지를 효과적으로 전달해왔다.

올 레드 스커트 정장으로 트럼프 지지한 멜라니아 트럼프

공화당을 지지하는 올 레드 의상을 선택한 멜라니아 트럼프.

2024년 7월, 미국 공화당 전당대회에서 전 퍼스트레이디 멜라니아 트럼프(Melania Trump)가 올 레드 크리스챤 디올 스커트 정장을 착용해 이목을 끌었다. 멜라니아는 전체적으로 레드 컬러로 구성된 스커트 슈트를 입었으며, 이 스타일은 그의 트레이드마크인 세련되면서도 권위적인 이미지를 잘 보여준다. 허리 라인을 강조한 식스 버튼 재킷과 무릎 라인을 덮는 미디 길이의 스커트로 연출한 패션은 몸에 잘 맞는 실루엣이 강조되어 있다. 이와 함께 매치한 빨간 힐은 전체 룩을 한층 더 완성도 높게 만들어준다.

멜라니아가 올 레드 패션을 선택한 이유는 여러 가지로 분석할 수 있다. 첫째, 레드는 강렬하고 시선을 끄는 색으로, 정치 무대에서 자신의 존재감을 드러내기에 적합하다. 특히 공화당의 대표 색상이 빨간색이라는 점에서, 그의 패션은 공화당과의 결속과 지지를 상징적으로 표현한다.

둘째, 레드는 권위와 자신감을 나타내는 색으로, 공적 행사에서 강력한 메시지를 전달하고자 할 때 자주 선택된다. 멜라니아는 전통적으로 중요한 행사에서 주목받을 수 있는 클래식하고 강렬한 색상을 선호해왔다. 이를 통해 그는 여전히 중요한 역할을 하고 있음을 시각적으로 강조하려는 의도가 전달된다.

셋째, 레드 컬러는 그의 이미지와 잘 맞아떨어진다. 전직 모델인 그는 패션에서 세련됨과 우아함을 유지하면서도 강렬한 인상을 주는 스타일을 자주 선택한다. 이러한 이유로 전략적인 색상 선택을 통해 자신의 위치와 메시지를 강화하는 데 중점을 둔다

정리하자면 멜라니아는 모델 출신답게 클래식하면서도 화려한 스타일을 유지하고 있으며, 공적 자리에서 강한 인상을 남기는 패션을 자주 선택하는 경향이 있다.

── 멜라니아 트럼프의 명품 패션: 화려함 뒤에 숨은 논란의 연대기

멜라니아의 옷차림과 패션 스타일은 주로 화려한 명품 패션으로 정의된다. 그는 고급 브랜드의 의상을 자주 착용하며, 각종 공식 행사에서 눈길을 끄는 스타일을 선보였다. 2023년 11월, 지미 카터(Jimmy Carter) 전 미국 대통령의 부인 로절린(Rosalynn) 여사의 장례식에 참석할 때는 디올의 그레이 코트를 입어 논란이 됐다. 〈뉴욕 타임스〉는 회색 의상과 스타일이 멜라니아를 돋보이게 했지만, 주변의 기대처럼 행동하고 싶지 않은 마음을 표현한 것일 수 있다고 보도했다. 그의 스타일은 종종 논란을 일으키기도 했다.

2017년 허리케인 피해 수재민 방문 시 킬힐을 신은 것이 문제가 되었고, 2018년 아프리카 순방 때는 식민 지배의 상징과도 같은 하얀색 모자, 피치 해트를 써서 원성을 사기도 했다.

로절린 여사의 장례식에서 디올의 그레이색 코트를 입은 멜라니아 트럼프.

── 멜라니아 트럼프와 'I Really Don't Care, Do U?' 재킷

멜라니아는 2018년 6월 21일, 텍사스에 있는 불법 이민자 아동 수용 시설을 방문할 때 'I Really Don't Care, Do U?(나는 정말 상관 안 해, 너는?)'라는 문구가 적힌 재킷을 입어 큰 논란을 일으켰다. 군용 스타일의 올리브색 재킷은 스페인 패스트 패션 브랜드 자라의 제품이었다.

멜라니아의 스타일은 주로 클래식하고 세련된 패션으로 알려져 있다. 공적 자리에서 유명 디자이너의 제품을 착용하는 그의 패션 선택은 자주 주목받고 있다. 텍사스 방문 당시 입은 자라 재킷은 멜라니아의 평소 스타일과는 거리가 멀었다. 이 재킷의 메시지는 특히 그 시점에서 민감한 정치적 상황과 맞물려 많은 논란을 불러일으켰다.

논란을 일으켰던 멜라니아 트럼프의 올리브색 재킷.

당시 트럼프 행정부는 '무관용 정책'을 통해 불법 이민자 부모와 자녀를 분리하는 정책을 시행하고 있었기에 재킷에 적힌 문구는 큰 반발을 초래했다. 이에 대해 멜라니아 트럼프의 대변인은 재킷의 메시지가 이민자 아동 문제와 관련이 없다고 해명했으나, 대중의 반응은 부정적이었다. 도널드 트럼프는 트위터를 통해 이 재킷의 메시지가 '가짜 뉴스 미디어'를 겨냥한 것이라고 주장했다. 이 사건은 멜라니아 트럼프의 패션 선택이 단순한 스타일 이상으로 정치적 메시지를 전달할 수 있음을 보여주었다. 재킷 논란은 멜라니아의 공적 이미지와 그의 패션 선택이 얼마나 지대한 영향을 미칠 수 있는지를 단적으로 드러낸 사례였다.

진취적·창의적 패션으로 변화에 대한 패션 정치 메시지, 미셸 오바마

2024년 8월 시카고에서 열린 민주당 전당대회에서 미셸 오바마(Michelle Obama)의 패션은 정치적 메시지를 강하게 전달하는 역할을 했다. 그는 럭셔리 브랜드 몬세의 2025 리조트 컬렉션에서 선택한 의상을 입었는데, 이 패션은 포인트 벨트가 있는 슬리브리스 재킷과 팬츠로 구성된 세련되고 현대적 디자인이다. 〈뉴욕 타임스〉는 이 의상을 '고도로 계산된 패션 스타일'로 묘사하며, 미셸의 패션이 다가오는 대선의 치열한 전투를 상징한다고 분석했다.

시카고 민주당 전당대회에서 강한 리더십을 상징하는 의상을 선택한 미셸 오바마.

시카고 민주당 전당대회의 주제는 '자유를 위한 투쟁'이었다. 이 의상은 단순히 패션을 넘어 전당대회 주제를 반영하면서 정치적 상징성을 담고 있다. 날카로운 옷깃은 군복을 연상시키며, 강인한 리더십과 결단력을 표현한다. 미셸은 이번 스타일을 통해 민주당이 추구하는 변화와 혁신의 메시지를 더욱 강조했다. 특히 땋은 곱슬머리 스타일은 흑인 여성의 자부심과 정체성을 상징하며, 이는 오바마 재임 시절에 보여준 전통적인 웨이브 단발머리 스타일과 대조를 이루며 그의 변화를 드러냈다.

미셸의 패션 선택은 정치적 의미와 더불어 인종차별에 대한 저항 메시지도 내포한다. 미국 브랜드 몬세는 한국계 미국인과 도미니카계 디자이너가 공동으로 운영하는 브랜드로, 아시아계 혐오에 맞서기 위해 반인종차별 운동을 주도해왔다. 이러한 배경은 미셸이 의도한 메시지를 더욱 강하게 전달하는 데 기여했다.

이번 전당대회에서 "희망이 돌아오고 있다"며 민주당 대통령 후보인 카멀라 해리스 부통령의 대선 승리를 위해 "Do something(무엇인가를 하자)"고 호소한 미셸의 패션은 연설 메시지를 강화했다. 그는 패션을 단순한 외관을 넘어 변화와 저항, 그리고 진취적 여성 리더십을 상징하는 도구로 활용했다. 그의 연설과 스타일은 민주당의 미래 비전을 시각적으로 표현하며, 유권자에게 강렬한 인상을 남겼다.

미셸 오바마의 패션 아이콘 변신, 변화와 희망의 컬러 정치

오바마 대통령 경선 초반, 미셸은 검은색 반팔 티와 머리띠를 하고 지지 연설을 했으나, 언론으로부터 '화난 흑인 여성'이라는 혹평을 받았다. 이후 헤어스타일을 굵은 웨이브 단발로 정리하고, 정장 스타일로 변화시키며, 버락 오바마의 '변화와 희망' 캠페인 구호에 맞춘 패션 전략을 펼쳤다.

미셸은 강렬한 컬러와 패턴을 통해 정치적 메시지를 효과적으로 전달했다. 2008년 대통령 경선 승리 선언 당시 보랏빛 드레스를 입어 민주당의 푸른색과 공화당의 붉은색을 조화시키며 '화합'을 상징했다. 또한 ABC의 '더 뷰'에 출연할 때는 흑백 옷을 입어 백인과 흑인의 화합을 기원했다.

미셸의 패션은 다양한 사회적·문화적·환경적 메시지를 전달했다. 그는 다양한 패션을 선택함으로써 여러 가지 메시지를 전달했다. 2009년 취임식 무도회에서는 제이슨 우(Jason Wu)의 드레스를 입어 신진 디자이너를 지원하는 강력한 신호를 보냈다. 이는 그의 남편이 말한 '모두를 위한 기회'라는 메시지와 일치했다. 미셸은 또한 미국과 해외 방문에서 현지 문화를 존중하는 패션을 선택했다. 인도 방문 시 전통 사리를 입은 것은 현지 문화에 대한 존중과 공감을 표현한 사례로, 미국의 다문화 사회를 상징하면서 다양한 문화에 대한 존중을 강조한 것이다.

그는 다양한 가격대의 브랜드를 조합해 착용함으로써 모든 계층의 사람들과 소통하려는 노력을 기울였다. 타깃, 제이크루 같은 저가 브랜드의 옷을 입고 공식 석상에 나타난 것은 대중과의 친밀감을 높이는 데 기여했다. 이는 그를 일반 대중과 더욱 가깝게 느끼게 했으며, 퍼스트레이디의 역할을 더욱 인간적으로 보이게 했다. 또한 그는 환경과 사회적 책임을 고려한 패션을 선택했으며, 지속 가능한 패션 브랜드와 협력해 환경보호 메시지를 전달했다. 이는 그의 건강한 식습관 캠페인과 맞물려 환경과 건강에 대한 중요성을 강조했다.

— 미국 디자이너와의 협력, 일상 속 실용적 패션

미셸은 중요한 국가 행사에서 종종 미국 디자이너의 제품을 착용함으로써 미국 패션 산업을 지지했다. 제이슨 우, 나르시소 로드리게즈, 톰 브라운 등 여러 디자이너의 제품을 선택해 주목받았다. 2009년 취임식에서 제이슨 우의 순백색 원 숄더 드레스를 입고 등장해 우아하면서도 현대적 감각을 선보

2009년 버락 오바마의 대통령 취임식 당시 입었던 원 숄더 드레스.

였다. 2013년 두 번째 취임식에서도 빨간색 드레스와 톰 브라운의 코트를 선택해 강렬한 인상을 남겼다. 그의 패션 선택은 항상 상황과 맥락에 잘 어울리며 대담함과 절제를 동시에 담아냈다.

2011년 영국 국빈 방문 당시 톰 브라운의 네이비블루 드레스를 입어 영국의 클래식한 스타일과 미국의 현대적 감각을 절묘하게 조화시키기도 했다. 이는 미국 패션 산업에 대한 지지를 표현하는 동시에 그의 패션 선택이 단순한 스타일 이상의 의미를 지닌다는 것을 보여준다.

미셸은 일상에서도 세련된 스타일을 유지했다. 그는 타깃 같은 저가 브랜드의 옷을 입고 공식 석상에 나타나며 대중과의 친밀감을 높이는 데 기여했는데, 이는 그가 편안함과 실용성을 중시하면서도 스타일을 잃지 않는 모습을 보여주었다. 미셸은 화려한 색상과 패턴을 두려워하지 않았다. 아프리카 방문 중에는 두드러진 패턴과 색상의 드레스를 입어 지역 문화에 대한 존중을 표현했다. 이는 그가 단순히 옷 입는 것을 넘어 메시지를 전달하는 도구로 패션을 선택했음을 보여준다.

미셸은 패션을 통해 사회적·문화적·환경적 메시지를 전달하며 대중과 소통하고, 미국의 다양성과 역동성을 반영했다. 그의 패션은 단순한 대통령의 아내가 아닌 패션 아이콘이자 롤 모델로 자리매김하게 했으며 대중의 심리에 큰 영향을 미쳤다.

피 묻은 샤넬 핑크 투피스를 정치적 메시지로 활용한 재클린 케네디

존 F. 케네디 대통령이 암살되던 1963년 11월 21일, 남편이 직접 골라준 핑크색 샤넬 투피스를 입은 재클린 케네디(Jacqueline Kennedy)는 3개의 탄환이 발사된 지 8초 만에 모든 것을 잃었다. 재클린은 에어포스원에 탑승할 때 남편의 피로 얼룩진 옷을 계속 입고, 린든 존슨(Lyndon Johnson)의 대통령 취임식 때 그 차림 그대로 서면서 정치적 암살에 희생된 안타까움을 알리는 강력한 메시지로 활용했다.

그뿐만 아니라 케네디 대통령 장례식에 기수가 없는 날을 준비하며 블루 코트를 입은 두 자녀를 양손에 잡고 나와 미국 국민에게 연민을 느끼게 했다. 천진한 어린 막내가 운반되는 아버지의 관을 향해 오른손을 머리에 올려 경례하는 것을 챙기는 재클린의 모습은 전 세계인의 가슴에 슬픔을 각인시켰다. 이런 모든 것이 재클린의 의도적인 연출인지에 대한 사실 여부는 확인하기 어렵지만, 재클린이 퍼스트레이디로서 시대의 정수를 이해하면서 패션을 이용해 국민의 마음을 움직이는 능력이 있었다는 사실만큼은 분명해 보인다.

피 묻은 투피스로 정치적 메시지를 전달한 재클린 케네디.

퍼스트레이디의 옷은 총보다 강하다

미술사학자이자 섬유 전문가인 발리하 에발드(Valija Evalds)는 '퍼스트레이디의 의복은 목적을 가진 잠재적 사령기(군대를 지휘할 때에 쓰는 깃발)'라고 언급한 바 있다. 미국의 30대 대통령 캘빈 쿨리지(Calvin Coolidge)의 부인 그레이스 쿨리지(Grace Coolidge)는 남편의 임기 중에 인터뷰를 하거나 어떠한 언급도 하지 않았지만, 소매 없는 드레스 등 당시만 해도 매우 파격적인 스타일을 즐겨 입으면서 여성에게 참정권이 주어지는 등 여성 신권 향상에 영향을 미쳤을 뿐 아니라, 미셸 오바마에게 영향력을 미쳤다는 평가가 전해진다.

미국이 피그스만을 침공함으로써 프랑스와의 관계에 외교적 문제가 불거지던 1961년에는 재클린이 존 F. 케네디의 프랑스 순방에 동행했는데, 그때 프랑스 디자이너 브랜드인 지방시를 입음으로써 프랑스 국민과 언론의 환대를 받았으며, 두 국가 간의 관계를 정상화하는 데 일조했다고 평가받는다. '옷은 총보다 강력한 무기'라고 언급한 바 있는 전기 작가 티나 산티 플래허티(Tina Santi Flaherty)의 말처럼 대통령뿐 아니라 퍼스트레이디의 패션은 비언어적이지만 정치적 역할을 강력하게 하면서 패션 정치는 외교에서도 막강한 영향력을 행사하고 있다.

바람직한 퍼스트레이디의 패션을 통한 이미지 정치, 메리 토드 링컨

검소한 이미지의 16대 에이브러햄 링컨(Abraham Lincoln) 대통령과는 달리 퍼스트레이디 메리 토드 링컨(Mary Todd Lincoln)은 고가의 유럽 실크로 만든 드레스를 입는 등 사치스럽다는 이미지가 있다. 남북전쟁 등 국가적으로 힘겨운 시기였기 때문에 그의 스타일리시한 패션 감각이 국민의 정서에 반감을 불러일으켰다고 분석된다.

사치스러운 패션을 선보인 메리 토드 링컨.

이처럼 패션 정치는 시대성을 제대로 반영해야 하는 치밀한 전략이 필요하다. 공개 석상마다 크리스털과 시스루 디자인이 돋보이는 은색 샤넬 드레스 등 고가의 명품 의상을 입고 나타나 이슈를 만든 도널드 트럼프 전 대통령의 아내 멜라니아 또한 퍼스트레이디로서의 패션이 TPO에 어울리지 않거나, 지나치게 화려했다는 비판을 받기도 했다.

국가를 대표하는 유일한 지위와 역할을 수행하는 퍼스트레이디의 패션을 통한 이미지 정치의 파급력은 매우 클 뿐 아니라 국가의 중요한 메시지를 전달하는 수단이 되기 때문에 신중해야 한다.

다시 말해 국가의 현재 상황을 제대로 고려한 상태에서 시대적 흐름을 제대로 읽고 그에 걸맞되 과하지 않게 적절히 표현하는 능력과 판단력이 필요하다. 퍼스트레이디의 이미지 가치를 극대화한 이미지 브랜딩 효과는 국가의 이익은 물론, 국가 이미지와 직결되기에 그 힘은 매우 강하다. 하지만 가장 중요한 '진정성'이 무시된다면 국민의 배신감은 커지고 씻을 수 없는 상처로 남을 것이다.

호피 무늬 구두를 활용한 개성파 정치 패션 스타일

테리사 메이는 정치인으로서 강한 이미지를 구축하기 위해 옷차림을 중요한 도구로 활용한 인물이다. 그의 패션 스타일은 대체로 세련되고 단정하며, 종종 독특한 아이템을 활용해 자신의 개성을 드러냈다.

메이의 패션에서 가장 두드러지는 특징 중 하나는 다양한 색상과 패턴의 코트다. 이 코트들은 눈에 띄는 색상과 독특한 디자인이 특징으로 메이가 공적 자리에서 돋보이도록 만든다. 예를 들어 그는 강렬한 빨강·파랑·노랑 등 밝은 색상 코트를 자주 입었는데, 이는 그의 리더십을 시각적으로 강조하는 역할을 했다.

또한 메이는 독특한 패턴의 스카프를 자주 착용했다. 이 스카프들은 의상에 생동감을 더해주는 동시에 세련된 이미지를 유지하는 데 기여했다. 그는 다양한 패턴과 색상의 스카프를 활용해 단조로운 정장을 개성 있게 변신시키곤 했다.

테리사 메이의 호피 무늬 구두.

메이의 또 다른 시그너처 아이템은 신발이다. 그는 종종 독특한 디자인의 신발을 신었는데, 특히 동물 무늬가 들어간 힐이나 컬러풀한 로퍼 등이 대표적으로 자신의 개성과 패션 감각을 드러내는 중요한 요소였다.

이처럼 테리사 메이는 자신의 패션을 통해 개성을 드러내고, 정치적 메시지를 전달하며, 리더십을 시각적으로 강조하는 데 능숙했다. 그의 의상 선택은 단순한 스타일 이상으로 정치적 전략의 일환으로 작용했다.

영국 국왕 찰스 3세, 전통 슈트 스타일과 보수적 넥타이 매듭법

2024년 5월 대관식 이후 윤석열 대통령을 첫 번째 국빈으로 초청한 영국 국왕 찰스(Charles) 3세의 초상이 새겨진 캐나다의 새 주화가 소개되었다. 엘리자베스 2세 여왕과는 달리 왼쪽 방향을 바라보는 만큼 보다 다양한 영국을 향해 새로운 방향의 리더십을 보여줄 것이라는 기대가 모아졌다.

찰스 3세는 대체로 전통적이고 여유 있는 핏의 슈트를 착용하는 편으로, 넥타이와 색상이나 패턴이 유사한 포켓치프로 포인트를 주는 스타일을 즐기는 것으로 분석된다. 슈트 색상은 쿨 톤 피부색의 찰스 3세에게 잘 어울리면서 신뢰감을 주는 네이비나 로열 블루 컬러를 기본으로 하되 2023년 10월 케냐 방문 시에는 밝은 베이지 톤 슈트를 착용하기도 했는데, 바지 길이는 조금 길게 함으로써 신중한 국왕 이미지를 강화한 것으로 분석된다. 재킷 깃 모양인 라펠은 레귤러 패턴을 자주 입지만 특별한 공식 자리에서는 아래 깃의 각도를 크게 위로 올린 피크드 라펠도 선보이고, 드레스셔츠 깃도 넓지 않은 레귤러 칼라와 넥타이 매듭이 좁은 하프 윈저 노트나 플레인 노트로 연출한다.

영국 왕실 홈페이지에 스트라이프 패턴의 스리 버튼 재킷을 입고 앉아 있는 찰스 3세의 사진을 보면 가운데 단추만 잠그고 맨 위아래 단추는 풀어 놓으면서 보수적이지만 편안한 이미지를 표현했다. 비공식적 자리에서는 활동적이고 친환경적적인 스타일을 선호하고, 오래된 양복을 기워서 입는 검소함을 통해 환경보호 가치 일치화를 실천하고자 노력하는 것으로 보인다.

여유 있는 핏의 슈트와 포켓치프를 착용한 찰스 3세.

변함없는 유산 상징, 시그넷 링

찰스 3세의 대표적인 아이템은 가문의 문장, 개인의 이니셜 등이 새겨진 시그넷 링, 즉 인장 반지와 드레스셔츠 소매의 커프스 버튼이라고 할 수 있다. 1969년 공식 책봉식 이후부터 지금까지 늘 새끼손가락에 착용하면서 변함없는 고귀한 역사의 전통과 유산을 상징하고 있다고 분석된다. 엘리자베스 2세 여왕의 편지에 의하면 찰스 3세의 손가락은 태어날 때부터 유난히 굵고 컸던 것으로 알려진 가운데 대관식에서 찰스 3세가 〈성경〉에 손을 얹고 선서하는 장면이 클로즈업되면서 새삼 이슈가 되기도 했다.

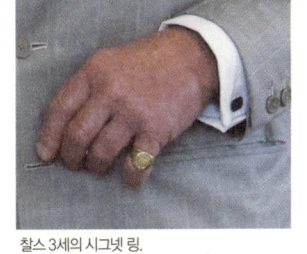

찰스 3세의 시그넷 링.

찰스 3세는 자신의 손을 먹음직스러워 보이는 '소시지 손가락'이라고 허물없이 표현한 것으로 알려졌고, 윌리엄(William) 왕세자가 태어났을 때 자신과 같은 소시지 손가락을 갖고 있다고 친구에게 편지를 보낸 것으로 전해진다. 일부 언론에서는 너무 부은 손가락을 보고 건강 우려의 목소리도 있지만, 관련한 기념품이 나올 정도로 찰스 3세의 이미지 특징이 되었다고 풀이된다.

실리콘밸리 룩으로 빌 게이츠 만난 무함마드 빈 살만 왕세자

뭐든 할 수 있는 돈과 권력을 갖고 있다는 의미로 '미스터 에브리싱(Mr. Everything)'이라는 별명이 붙은 리더가 있다. 2022년 기준으로 개인 재산은 2조 달러, 한화 약 2890조가 넘는 것으로 추정되는 비공식 세계 부자 1위이자 사우디아라비아 왕위 승계 서열 1위인 무함마드 빈 살만(Mohammed bin Salman) 왕세자다. 2018년 '여성은 자신의 옷을 스스로 선택할 자유가 있다'며 아바야 착용 의무를 풀어준 빈 살만 왕세자 자신도 전통 의상에서 벗어나 TPO에 맞게 드레스 코드를 다양하게 응용하고 있다.

예를 들어 국가의 공식 행사에서는 사우디아라비아 전통 의상으로 흰색 바탕에 빨간 격자무늬의 구트라를 쓰고 잘라비야 또는 토브라고 부르는 의상을 착용한다.

왕세자가 주로 흰색을 선호하는 이유는 종교적 이유로 알라를 영접하기 위해 깨끗함을 강조하기 위한 것으로 알려져 있다. 하지만 2019년 전기차 레이싱 대회에 참석했을 때는 전통 복장 위에 영국 브랜드 바버의 네이비 재킷을 걸치고, 톰 포드 에비에이터 선글라스에 블랙 아디다스 운동화를 신는 믹스 매치 패션을 선보였다. 빈 살만이 착용한 바버 재킷은 순식간에 '왕세자 재킷'이라며 화제를 불러일으켰다.

공식 행사에서 전통 의상을 착용한 빈 살만 왕세자.

기업 총수 만날 때는 믹스 매치 룩

2016년 미국 샌프란시스코에서 마크 저커버그(Mark Zuckerberg) 페이스북 창업자를 만났을 때는 청바지와 흰색 셔츠, 캐주얼 회색 재킷으로 '실리콘밸리 룩'처럼 입었고, 2018년 미국 시애틀에서 빌 게이츠(Bill Gates) 마이크로소프트 창업자를 만났을 때는 보수적인 마이크로소프트 분위기에 맞춰 짙은 회색 정장에 빨간색 넥타이를 착용한 바 있다.

2022년 서울에서 열린 국내 주요 대기업 총수들과의 차담회에서는 사우디아라비아 전통 의상인 화이트 토브 위에 그레이 재킷을 입고, 신발도 발가락이 보이는 사우디 전통 샌들인 마다스 대신 브라운 옥스퍼드화를 신는 믹스 매치 패션을 선보였다.

빌 게이츠를 만난 빈 살만 왕세자.

특히 화제가 된 우아한 디자인의 구두는 영국 신발 회사에서 판매하는 모델로 관심을 받았다. 2023년 사우디 국부 펀드 이사회에 참석할 때 입은 프랑스 캐시미어 브랜드 조끼가 '왕세자의 조끼'로 알려지면서 아랍인들 사이에서 유행이 되는 등 패션 리더로서의 면모를 보여주기도 했다.

후드티와 농구 반바지로 상원의 전통을 뒤흔들다

2023년 가을, 미국 상원의원 존 페터먼(John Fetterman)이 상원 회의에 매우 비전통적 복장으로 등장해 큰 논란을 일으켰다. 페터먼 의원은 회의 중에 주로 후드티와 농구 반바지, 그리고 스니커즈를 착용했는데, 이 복장은 의회에서 일반적으로 요구되는 정장과 넥타이를 착용하는 드레스 코드와는 극명한 대조를 이루었다.

페터먼 의원이 자주 입은 후드티는 대체로 짙은 색상(주로 검은색 또는 어두운 회색)으로, 로고나 장식이 없는 간결한 디자인이었다. 농구 반바지도 마찬가지로 짙은 색상이었는데, 이런 복장은 전형적인 상원의원들의 전통적 복장과는 거리가 멀었다. 이 때문에 그는 상원 내에서 '후드티 의원'이라는 별 명을 얻기도 했다. 이러한 페터먼 의원의 복장은 미국 상원의 권위와 전통을 훼손한다는 비판을 받았다.

이 같은 비판 속에서도 상원은 드레스 코드를 완화해 상원의원들이 정 장을 입지 않아도 되도록 규정을 변경했다. 그러나 이 규정 변경은 상원 내외 에서 상당한 논란을 불러일으켰고, 많은 사람은 이를 상원의 존엄성을 훼손 하는 결정이라고 강력하게 비판했다. 결국 논란이 커지자 상원은 다시 복장 규정을 원래대로 되돌리기로 결정했다. 페터먼 의원은 이 과정에서 압박을 받아 더 이상 비공식적 복장을 하지 않기로 했으며, 이후에는 정장과 넥타이 를 착용한 모습으로 등장했다.

이 사건은 단순한 복장 선택이 아니라, 정치인의 패션이 그들의 공적 이 미지와 정치 기관의 권위에 어떤 영향을 미칠 수 있는지를 보여주는 사례로 남았다. 페터먼의 캐주얼한 복장은 상원의 전통과 현대적 자유로움 간의 충 돌을 상징적으로 나타내며, 정치적 리더십에서 패션의 중요성을 다시금 일깨 워주는 계기가 되었다.

여성 정치인의 하이힐 정치, 니키 헤일리

결과적으로 트럼프에게 밀렸지만 공화당 대선 후보였던 니키 헤일리(Nikki Haley) 전 주유엔 미국 대사는 인도계 이민 2세로, 1기 행정부에서 요직을 거 친 외교 분야 전문가로 사우스캐롤라이나 최초 여성 주지사를 역임했다.

공화당 경선 후보 총 4차 토론회에서 7명의 남성 후보는 모두 짧은 헤어 커트에 짙은 네이비 슈트, 그리고 화이트 셔츠, 레드 타이를 착용했다. 반면 헤 일리 후보는 어깨를 살짝 덮는 기장의 웨이브 있는 헤어스타일에 스커트 정장 과 하이힐을 기본으로 하되 색상과 질감에 변화를 주었다. 1차에는 화이트가 섞인 하늘색 트위드 소재로 시작해서 2차는 레드 실크 소재, 3차는 화이트 숄 칼라, 4차는 칼라가 없는 보트넥라인으로 차별화해 이목을 불러 모았다.

일반적으로 의상은 명도와 채도가 높은 원색도 과감하게 선택하는 편이 지만, TV 토론회에서는 전반적으로 화이트 의상을 자주 선택했다. 이는 흰 색에 여성 참정권자를 의미하는 '서프러제트 화이트(suffragette white)'의 상징성이 있기 때문으로 분석된다. 영미권 여성 정치인은 중요 행사 때 흰옷

니키 헤일리는 웨이브 헤어스타일과 하늘색 스커트 정장으로 남성 후보들과 차별을 뒀다.

을 입곤 하는데, 이는 20세기 초 여성 참정권 운동가들이 흰옷을 입은 데서 유래한 전통이기도 하다. 〈뉴욕 타임스〉는 '헤일리 후보는 남성 후보들 자신들은 차별적으로 표현할 수 없는 의상을 격전의 무기로 활용하자고 판단한 듯하다'고 평가하기도 했다.

마거릿 대처 전 총리의 업그레이드 버전, 니키 헤일리

헤일리는 격식을 갖춰야 하는 공식적 자리에서는 보수적 디자인의 복장을 기본으로 하지만, 다양한 의상과 하이힐 착용 등 개방적이라는 이미지를 동시에 보여줬다고 분석된다. 남성 중에는 하이힐에 거부감을 갖는 경우가 있는데 하이(high)와 힐(heel)의 합성어인 하이힐은 원래 고대 페르시아 기병이 말을 오르내리기 쉽게 하기 위해 굽 높은 신발을 신은 것에서 유래한 남성 아이템이었다. 하이힐을 유행시킨 대표 인물은 프랑스 루이 14세로, 당시 부와 권력을 상징하던 하이힐을 프랑스 귀부인들이 따라서 신기 시작하면서부터 여성 아이템으로 자리 잡았다.

공식 자리에서 여성성을 강조한 스커트 정장을 착용하는 헤일리 후보의 드레스 전략은 이례적이다. 왜냐하면 지금까지 힐러리 클린턴 전 국무장관을 비롯해 카멀라 해리스 전 부통령 등 미국 여성 정치인의 패션 코드는 대부분 바지 정장과 굽 낮은 구두였기 때문이다. 성별을 둘러싼 이슈 논란을 차단하기 위한 것이 가장 큰 이유라고 할 수 있다.

헤일리 후보의 패션은 기존의 여성 정치인 패션 기조보다는 여성적인 패션을 정치적으로 승화했다는 평가를 받고 있는 영국 마거릿 대처 전 총리의 패션 룩 업그레이드 버전이라고 분석된다.

하지만 어깨까지 늘어뜨린 긴 헤어스타일에 립스틱 컬러까지 선명한 붉은색을 선택하면서 전체적으로 너무 화려해졌고, 안정감과 무게감이 무너진 감이 없지 않다. 패션 색상과 디자인이 강렬하면 메이크업은 자연스럽고 투명하게 연출하는 것이 효과적이다.

중산층과 노동자 계층을 위한 진보적 리더십 강조, AOC

미국 역사상 최연소 하원의원인 알렉산드리아 오카시오코르테스(Alexandria OcasioCortez, 이하 AOC)는 2024년 8월 시카고에서 열린 민주당 전당대회에서 짙은 네이비 색상의 스커트 정장을 착용했다. 그의 패션은 강렬하면서도 세련된 이미지를 전달하며, 정치적 메시지와 조화를 이루었다. 이 스타일은 권위와 전문성을 강조하는 동시에 대중과의 연결성을 유지하려는 그의 정치적 입장을 시각적으로 반영했다.

AOC는 자신의 패션을 통해 진보적 가치와 실천적 리더십을 상징적으로 표현한 것이다. 그는 카멀라 해리스와 자신의 중산층 배경을 강조하며, 해리스가 대통령으로서 사회적 정의와 경제적 평등을 위해 싸우고 있다는 점을 강조했다. 또 노동자 계층의 권리를 보호하고, 그들의 목소리를 반영하는 것이 민주당의 미래임을 역설했다.

── 옷을 무기로, 패션으로 외치는 정치적 함성

정치인의 패션 전략이 퍼포먼스 정치의 도구로 활용될 수 있는 사례가 있다. 정치인이 패션을 통해 특정 메시지를 전달할 때, 이는 그들의 정치 입장이나 이슈에 대한 성명을 시각적으로 표현하는 방법이 된다. AOC가 2019년 메트로폴리탄 의상 연구소 멧 갈라(Met Gala)에서 'Tax the Rich(부자에게 세금을 부과하라)'라고 적힌 드레스를 입은 사례가 대표적 예다. 이 드레스는 단순한 패션 선택을 넘어 부유층에 대한 세금 인상을 지지하는 그의 정치적 입장을 강하게 전달하는 도구로 사용되었다. 그러나 이 전략은 논란을 불러일으켰다.

멧 갈라에서 'Tax the Rich'라고 적힌 드레스를 입은 AOC.

비판자들은 AOC가 반자본주의적 입장을 표방하면서도 상류층과 패션 리더들이 모이는 엘리트주의적 행사에 참석한 것을 위선적이라고 비판했다. 반면, 지지자들은 그가 이러한 장소에서 자신의 가치를 공개적으로 주장한 것을 대담하고 강력한 행동으로 평가했다. 이 사례는 패션이 단순한 외모를 넘어 정치적 메시지를 강화하거나 도전하는 전략으로 사용될 수 있음을 보여 준다.

결국, 정치인의 패션 선택은 그들이 어떤 메시지를 전하고자 하는지에 따라 달라진다. 이러한 패션 전략은 대중의 관심을 끌고, 사회 이슈에 대한 논의를 촉발하는 데 중요한 역할을 한다. 그러나 이와 동시에 그 전략이 실제 정치적 행동으로 이어질 수 있는지 또는 단순한 퍼포먼스로 끝나는지에 대한 평가도 뒤따르게 된다.

이방카 트럼프, 파란색 벨벳 정장으로 보여준 독립 선언

이방카 트럼프(Ivanka Trump)는 2024년 11월 6일(현지 시간 기준), 아버지인 도널드 트럼프의 미국 대선 승리 선언식에서 민주당의 상징 색인 파란색 벨벳 정장을 입었다. 이는 그의 정치적 독립성을 선언하는 강력한 메시지로 보였다. 정치인과 그 주변 인물들이 이러한 색상을 선택할 때, 이는 단순히 취

아버지 트럼프 대통령의 대선 승리 선언식에서 민주당의 상징 색인 파란색 정장을 입은 이방카 트럼프.

향을 반영하는 것이 아니라 전략적 의사소통의 일환으로 볼 수 있다. 이러한 맥락에서 이방카 트럼프의 색상 선택은 단순한 스타일 이상의 메시지를 함축하고 있다. 이방카의 파란색 옷은 붉은색이 상징 색인 공화당과 거리를 두려는 그의 의도를 암시하는 것처럼 보이기 때문이다. 이는 이방카가 트럼프 가문의 정치적 유산에서 벗어나 자신만의 독립적 길을 모색하고자 하는 움직임의 일부일 수도 있다.

패션은 그저 옷이 아니라, 자신을 표현하고 자신의 위치를 세상에 알리는 방식이다. 패션을 통해 개인의 사회적 위치와 정체성을 드러낼 수 있다. 이방카의 파란색 정장은 그가 정치적 역할에서 벗어나 개인적 삶과 가정에 더 집중하고자 하는 소망을 반영하며, 자신의 새로운 삶을 선언하는 듯한 모습으로 해석할 수도 있다. 최근 이방카의 패션은 이러한 변화와 맥을 같이한다. 그는 공식 자리에서도 자유로우면서 세련된 스타일을 선보이며, 전통적 정치인의 이미지에서 벗어나 자신만의 개성과 현대적 감각을 강조하고 있다. 예를 들어, 자선 행사나 공식 모임에서 보여준 그의 의상들은 편안하면서도 품격 있는 디자인이 돋보이는데, 이는 그가 과거의 정치적 이미지를 넘어서려는 의지를 반영하는 것 같다.

이방카의 이러한 패션 선택은 그의 인생에서 새로운 장을 시작하고자 하는 의지를 보여주는 것이다. 그는 자신의 공적 역할과 개인적 정체성 사이에서 균형을 찾으려 노력하고 있으며, 이 과정에서 패션은 그의 감정과 생각을 세상에 전달하는 중요한 수단이 된다. 이방카의 패션 스타일에서 우리는 그가 앞으로 어떤 길을 걸을지, 어떤 이야기를 만들어갈지에 대한 흥미로운 실마리를 엿볼 수 있다.

사회적 메시지를 전달하는 문화적 아이콘, 우리나라 역대 영부인 옷차림

우리나라 영부인의 옷차림을 살펴보는 것은 패션에 대한 관심을 넘어 정치적·사회적·문화적 의미를 담고 있기 때문에 아주 중요하다.

전통 한복을 선택할 때는 한국의 고유한 문화를 대내외에 강조하며, 현대적이고 세련된 스타일을 선택할 때는 우리나라의 경제성장과 글로벌 감각을 드러낸다. 이처럼 영부인의 옷차림은 국제적 무대에서 우리나라의 이미지를 강화하는 중요한 도구가 된다.

또한 영부인의 옷차림은 국민에게 큰 관심을 받으며 여론 형성에도 기여한다. 특히 대중 매체와 소셜 미디어가 발달한 오늘날, 영부인의 스타일은 사람들 사이에서 자주 회자되며 정치적 분위기에도 영향을 미친다. 특정 영부인의 옷차림이 긍정적으로 평가되면 그 이미지는 대통령과 정부 전체에 대한 긍정 인식으로 연결될 수 있고, 옷차림이 과도하게 화려하거나 부적절하다는 비판이 많으면 국민의 반감을 불러일으키고 정치적 부담으로 이어질 수 있다.

경제적 관점에서도 영부인의 패션은 무시할 수 없는 영향을 미친다. 통계적으로 특정 인물이 착용한 옷이나 브랜드는 그 인지도와 판매율을 급격히 상승시키는 경향이 있다. 예를 들어 영부인이 특정 국내 디자이너의 의상을 착용하면 그 브랜드는 큰 홍보 효과를 얻게 되고, 관련 패션 산업이 활성화된다. 이는 영부인이 패션 트렌드를 주도하며 소비자에게 강력한 영향을 미칠 수 있음을 보여준다.

역사적 맥락에서 영부인의 옷차림을 살펴보는 것은 우리 사회의 변화와 흐름을 이해하는 데 도움이 된다. 시대마다 강조된 스타일은 그 시기 사회의 가치관, 경제적 상황, 여성의 역할 변화를 반영한다. 예를 들어 과거에는 전통적 가치관이 강조된 반면, 현대에는 보다 실용적이고 글로벌한 패션이 두드러진다. 이러한 변화는 우리 사회가 어떻게 발전하고 변화해왔는지를 보여주는 중요한 단서가 된다.

마지막으로, 영부인은 단순히 대통령의 배우자가 아니라 사회적 메시지를 전달하는 문화적 아이콘으로 자리매김한다. 영부인의 패션 선택은 특정 사회적 가치를 상징하거나, 중요한 이슈에 대한 인식을 높이는 데 기여할 수 있다. 예를 들어 친환경 소재로 만든 의상을 선택하거나, 국내 중소 디자이너의 옷을 착용함으로써 지속 가능한 패션이나 지역 경제 활성화 같은 메시지를 전달할 수 있다. 따라서 우리나라 영부인의 옷차림을 분석하는 것은 그 자체로 중요한 사회적·문화적 의미를 지닌다. 우리나라 역대 영부인들은 각기 다른 옷차림을 통해 정치적 메시지를 전달했다.

우리나라 역대 영부인 옷차림

영부인의 옷차림은 우리나라의 국가 이미지를 형성하는 데 중요한 요소로 작용한다. 대한민국을 대표하는 인물로서 영부인의 패션 선택은 국가의 가치와 정체성을 상징한다.

의상을 통해 한국 문화에 대한 애정을 드러낸 프란체스카 도너 여사.

프란체스카 도너 여사, 한국에 대한 헌신과 애정을 담은 의복

프란체스카 도너(Francesca Donner) 여사는 이승만 전 대통령의 부인으로, 그의 패션 스타일은 오스트리아 출신 배경과 한국 문화에 대한 깊은 애정을 잘 나타낸다. 그는 한국 전통 의상인 한복을 자주 착용했으며, 이는 그가 한국 문화에 깊이 동화되었음을 보여준다. 특히, 그는 현대적 요소를 가미한 한복을 즐겨 입었다. 1950년대 당시 트렌드에 맞춰 한복 저고리의 고름 대신 브로치를 사용하거나, 전통적인 두 벌의 한복 대신 한 벌로 입는 방식이 많았다.

프란체스카 여사는 평소에도 한복을 자주 입었을 뿐 아니라 중요한 행사에서도 한복을 착용했다. 그의 한복 사랑은 사망할 때에도 이어져 생명을 의미하는 한자 '수(壽)'가 수놓인 한복을 입고 묻혔.

그의 한복 스타일은 전통과 현대를 결합한 독특한 스타일로, 다양한 무늬와 색상의 한복을 통해 자신의 개성과 취향을 표현했다. 이러한 패션 선택은 한국 전통문화에 대한 존경과 사랑을 나타내는 동시에 그의 고유한 스타일을 반영했다. 프란체스카 도너 여사의 한복 사랑과 그 스타일은 단순한 의복 선택을 넘어 한국 문화에 대한 헌신과 애정을 상징적으로 보여주는 중요한 요소였다.

우아함과 품위를 중요시한 육영수 여사의 옷차림.

육영수 여사, 한국 여성의 이상향을 제시하다

박정희 전 대통령 부인 육영수 여사의 패션 스타일은 한국 여성의 우아함과 품위를 상징했다. 그는 공식 행사에서 주로 전통 한복과 올림머리를 선보였다. 육영수 여사의 한복은 단아하고 절제된 색상이 특징이었으며, 화려함보다는 우아하고 고급스러운 느낌을 주는 디자인을 선호했다. 올림머리는 단정하고 고전적 느낌을 자아내 한복과 아주 잘 어울렸다.

육영수 여사는 또한 서구적 의상도 즐겨 입었는데, 여성스러움을 강조한 것이 많았다. 플레어스커트와 여성스러운 디자인의 블라우스는 그의 부드럽고 온화한 이미지를 잘 반영했다. 이러한 스타일은 그를 단순한 영부인이 아닌 많은 한국 여성에게 패션 아이콘으로 자리매김하게 했다.

육영수 여사의 패션은 단순히 의복을 넘어 그의 성격과 정치적 역할을 상징적으로 보여주는 중요한 요소였다. 단정하고 품위 있는 스타일은 한국 여성의 이상적 모습을 표현했으며, 많은 여성에게 큰 영향을 끼쳤다. 공식 행사뿐 아니라 일상에서도 이러한 스타일을 유지하며 한국 여성의 전통적 아름다움과 현대적 감각을 조화롭게 표현했다.

그의 스타일은 시간이 지나도 많은 사람에게 회자되면서 여전히 한국 패션의 한 축으로 자리 잡고 있다. 육영수 여사의 패션은 단순한 유행을 넘어 시대를 초월한 우아함과 품위를 상징하는 중요한 요소로 평가받는다.

손명순 여사, 전통과 현대의 미를 동시에

김영삼 전 대통령의 부인 손명순 여사는 그의 패션 스타일은 전통적 한국의 아름다움과 현대적 감각을 조화롭게 반영했다. 재임 초기에는 전통 한복을 자주 착용해 단아하고 우아한 이미지를 강조했다. 손명순 여사는 한복을 통해 한국 여성의 전통적 아름다움을 보여주었으며, 그의 한복은 주로 밝고 화사한 색상으로 구성되었다.

아시아 경제 위기 이후, 손명순 여사는 공공의 비판을 피하고자 의상을 간소화했다. 현대적 양복으로 스타일을 변화시킴으로써 사회의 변화와 현대성을 수용하는 모습을 보여주었다. 손명순 여사는 서양식 정장을 착용하면서도 한국적 요소를 포함시키는 데 주력했다. 예를 들어 짧은 재킷과 긴 플레어스커트로 이뤄진 정장은 한복의 실루엣을 연상시키는 디자인을 적용했다.

전통 한복을 변화시킨 의복을 자주 착용한 손명순 여사.

이희호 여사, 실용성과 절약 정신의 실천

김대중 전 대통령의 부인 이희호 여사는 실용적이고 편안한 패션을 중시했다. 그는 검소한 이미지를 유지하기 위해 주로 서양식 의상을 착용해 절약 정신과 실용성을 강조했다. 특히 이희호 여사는 공식 행사에서 자주 양복을 입었으며, 늘 단정하고 깔끔한 이미지를 유지했다. 높고 목선이 깔끔한 재킷과 긴 스커트를 자주 착용했으며, 이러한 스타일은 그의 키와 날씬한 체형을 강조했다. 그는 브랜드 의상보다는 대중적 옷을 선택했는데, 이는 그의 소박하고 검소한 성격을 잘 반영했다. 또한 중요한 자리에서 전임 영부인들의 한복을 재활용하는 모습을 보이며 절약 정신을 실천했다.

이희호 여사의 한복 스타일도 주목할 만하다. 편안함과 실용성을 위해 전통 한복을 현대적 감각으로 재해석해 착용했다. 또 화려함보다는 단순하고 우아한 디자인이 많았는데, 이는 그의 성격과 잘 맞아떨어졌다. 이희호 여사의 패션 선택은 그의 정치적 역할과 인격을 잘 나타냈다. 단정하고 실용적 스타일은 많은 사람에게 긍정적 영향을 미쳤다.

패션을 통해 정치적 역할을 드러낸 이희호 여사.

김윤옥 여사, 전통과 현대의 조화

김윤옥 여사는 색다른 컬러를 사용해 개성을 표현했다.

이명박 전 대통령의 부인 김윤옥 여사는 그의 패션 스타일은 전통과 현대를 조화롭게 반영했다. 다양한 행사에서 전통 한복부터 현대적 디자인의 의상까지 폭넓은 스타일을 선보였다. 전통 한복은 주로 중요한 국가 행사나 외국 방문 시 착용했는데, 이는 한국의 전통문화를 강조하는 역할을 했다.

김윤옥 여사는 한복 외에도 현대적 서양식 의상을 즐겨 입는 것으로 유명했다. 세련된 디자인과 고급스러운 소재로 만든 의상을 자주 착용해 품위 있는 이미지를 강조했다. 특히 실크 같은 고급 소재를 자주 사용하여 의상으로 그의 우아함을 한층 돋보이게 했다.

또한 색다른 컬러를 사용해 개성을 표현했으며, 다양한 색상의 의상을 착용해 세련된 패션 감각을 잘 보여주었다. 그의 스타일은 단순히 의복 선택을 넘어 한국 여성의 현대적 아름다움을 드러냈다.

김정숙 여사, 품위를 강조한 한복

한복을 자주 착용한 김정숙 여사.

문재인 전 대통령 부인 김정숙 여사의 패션 스타일은 세련되고 다채로운 이미지로 잘 알려져 있다. 김정숙 여사는 공식 행사와 국제 무대에서 체형과 이미지를 고려한 다양한 스타일의 의상을 선택하며 주목받았다. 그는 주로 전통적 한복과 현대적 서양식 의상을 조화롭게 입었다.

중요한 행사에서는 종종 전통 한복을 착용해 한국의 전통문화를 알리는 데 큰 역할을 했다. 예를 들어 2017년 미 워싱턴DC 백악관에서 열린 한미 양국 정상 상견례 및 만찬장에 쪽빛 한복을 착용해 품위 있고 세련된 이미지를 연출했다.

그는 또한 현대적 서양식 의상도 자주 착용했는데, 세련된 디자인의 정장과 드레스를 즐겨 입어 우아하고 품위 있는 이미지를 강조했다. 예를 들어 2018년 남북 정상회담 당시에는 간결하면서도 품격 있는 흰색 투피스를 착용했다.

김정숙 여사의 패션은 다양한 색상과 소재를 활용해 개성을 적절히 표현했다. 그는 밝은 색상과 고급스러운 소재를 자주 선택했는데, 이는 그의 세련된 패션 감각을 잘 보여주었다.

그의 패션 스타일은 자신의 역할과 인격을 잘 반영했으며, 공식 행사에서뿐 아니라 일상에서도 품위 있는 이미지를 유지해 많은 이에게 영감을 주었다. 특히 국제 무대에서 한국 문화를 알리는 데 큰 역할을 했다. 이처럼 김정숙 여사의 패션 스타일은 한국 여성의 현대적 아름다움을 상징했으며, 시대를 초월한 우아함과 현대성을 동시에 담고 있다.

김건희 여사, 커리어우먼 스타일의 정치와 문화 융합 패션

김건희 여사는 윤석열 대통령의 부인으로, 시간과 장소 그리고 상황에 어울리는 패션을 선택해 다양한 메시지를 전달하고 있다. 친환경 제품과 합리적 가격대의 의상 및 소품을 착용해 국내 소상공인의 제품을 적극 활용한다. 2023년 UAE 방문 시 대통령 전용기를 타고 내릴 때 들고 있었던 미니 토트백은 소셜 벤처기업 할리케이가 닥나무 껍질로 만든 친환경 가방이었다.

김건희 여사의 패션은 정치와 문화의 융합을 보여주는 사례로, 해외 방문 시 현지 문화를 존중하는 의상을 선택해 한국의 다문화 사회를 상징하는 이미지를 보여주는 데도 주력하고 있다. 2022년 마드리드에서 개최된 NATO 정상회의에 참석할 때는 스페인 전통 요소가 가미된 현대적 의상을 입었고 2023년 6월 투르크메니스탄과 베트남 국빈 방문 시에도 상대국 전통의상을 착용해 현지 문화를 존중하는 모습을 보였다. 2024년 10월 7일 필리핀 국빈 방문 당시 김건희 여사는 필리핀 전통복인 테르노(Terno)를 응용한 심플한 베이지 톤의 우아한 원피스를 착용했다. 드레스 중앙 윗부분에 꽃 자수로 포인트를 주며 현대적이고 절제된 아름다움을 표현했다. 이는 국제 외교 무대에서 상호 이해와 친밀감을 높이고, 우리나라 이미지를 긍정적으로 부각시키는 데 기여할 수 있다.

김건희 여사는 포켓치프 같은 패션 아이템을 활용해 품격 있는 커리어우먼 이미지를 강화한다. 2024년 10월 8일 싱가포르 의회에서 열린 공식 환영식에서는 싱가포르 국기의 붉은색을 활용한 붉은색 H라인 롱스커트와 블랙 재킷을 선택했다. 국제 행사에서 싱가포르의 상징적 색상을 의도적으로 반영한 패션은 외교적 메시지를 전달하는 동시에 동시에 자신의 품격과 커리어우먼으로서의 이미지를 돋보이는 역할을 한다.

친환경 제품과 합리적 가격대의 의상 및 소품을 주로 착용하는 김건희 여사.

Style Statements

시그너처 아이템이 왜 중요할까?

땅콩 농부 대통령이라 불렸던 지미 카터 대통령.

정치인의 시그너처 아이템은 그 사람을 나타내는 작은 상징물이면서도 강력한 메시지를 담고 있다. 예를 들면 프랭클린 루스벨트는 시가와 담배 홀더로 기억된다. 이 아이템들은 단순한 소품이 아니라 그의 결단력과 강인함을 상징하는 요소로 자리 잡았다. 이렇게 정치인의 시그너처 아이템은 그들을 브랜드화하며, 대중에게 인지도를 높이는 데 큰 역할을 한다.

 시그너처 아이템의 매력은 메시지를 전달하는 힘에 있다. 마하트마 간디가 항상 입던 간소한 흰색 옷은 그의 금욕주의와 비폭력 독립운동의 정신을 그대로 표현했다. 굳이 정치적 메시지를 설명하지 않아도 그 이미지만으로 간디의 철학이 전달되는 것이다. 이러한 시각적 상징은 복잡한 이야기를 한 번에 압축해 사람들의 머릿속에 각인시키는 효과가 있다. 또한 이런 아이템은 정치인과 대중을 감성적으로 이어주는 매개체로 작용하기도 한다.

 미국 지미 카터 대통령의 사례를 보자. 카터는 대통령 재임 당시 항상 손에 들고 다니던 땅콩을 통해 서민적이고 따뜻한 이미지를 구축했다. 카터는 농부 출신으로, 자신의 땅콩 농장을 자랑스러워했으며, 땅콩은 그의 정체성을 상징하는 아이템이 되었다. 대중은 그를 '땅콩 농부 대통령'으로 기억하며, '이 사람은 우리와 같은 평범한 사람이다'라는 친근감을 느꼈다. 이러한 이미지 덕분에 카터는 정치인으로서 권위와 거리감보다는 대중과 쉽게 소통하는 진정성 있는 인물로 자리 잡을 수 있었다.

그렇다면 시그너처 아이템을 어떻게 창조할 수 있을까? 무엇보다 중요한 것은 그 아이템이 정치인의 정체성과 잘 맞아떨어져야 한다는 점이다. 만약 환경보호를 강조하는 정치인이라면 친환경 소재로 만든 아이템을 사용하는 것이 일관성을 유지하는 방법이 될 것이다. 간단하면서도 강렬한 이미지를 주는 디자인도 필수다. 지나치게 화려한 아이템보다는 간디의 흰색 옷처럼 단순하지만 상징적인 것이 더 효과적이다. 마지막으로, 이러한 시그너처 아이템은 꾸준히 반복적으로 사용해야 한다. 오바마가 자주 입은 블루 슈트와 빨간 넥타이는 그의 자신감과 일관성을 상징하는데, 이는 그가 항상 일관되게 같은 스타일을 고수했기 때문이다. 반복적으로 노출된 아이템은 사람들의 기억에 강렬히 남게 되고, 그 정치인과 쉽게 연결된다.

시그너처 아이템을 일관되게 유지하는 것은 일관된 이미지 형성, 개인 브랜드 강화, 신뢰 구축 측면에서 중요하다. 미국 제33대 대통령인 해리 트루먼의 사례를 보면, 그는 늘 딱 맞는 양복과 작은 안경을 착용하는 모습으로 기억된다. 제1차 세계대전 후 친구와 함께 '트루먼 앤 제이컵슨'이라는 양복점을 운영했던 그의 복장은 정치 입문 후에는 소박하지만 깔끔한 스타일로, 대중에게 신뢰할 수 있는 리더로 인식되게 했다. 일관된 스타일 덕분에 사람들은 그를 쉽게 기억할 수 있었고, 이는 그가 대중에게 일관된 이미지를 제공하는 데 중요한 역할을 했다. 안경과 양복은 경제적으로 어려운 시기에 소박함을 강조하려는 그의 철학을 나타냈다. 이는 그가 국민들과의 공감대를 형성하고, 시그너처 아이템을 강화하는 데 기여했다. 대중에게 자신의 시그너처 스타일을 지속적으로 보여주면, 그만의 독특한 브랜드가 확고해지기 때문이다. 또한 트루먼의 스타일은 그가 보여주고자 하는 정체성과 연결되어 있었다. 그는 검소하고 진실된 모습과 함께 그의 시그너처 스타일을 일관되게 유지하려고 노력했다.

정리하자면 정치인의 시그너처 아이템은 단순한 소품이 아니라 정치적 메시지를 전달하고, 대중과 감성적으로 소통하며, 이미지 브랜드를 구축하는 중요한 도구다. 자신을 가장 잘 표현하는 물건을 선택하고, 그것을 꾸준히 사용하며, 그 속에 담긴 메시지가 일관되게 전달될 때 아이템은 그 정치인을 대표하는 상징으로 자리잡는다.

호감의 기호:
끌리는 패션 공식

등장하는 인물

클라우디아 세인바움 제66대 멕시코 대통령   하비에르 밀레이 제52대 아르헨티나 대통령   키어 스타머 제80대 영국 총리

낸시 펠로시 현 미국 캘리포니아주 하원의원   장뤼크 멜랑숑 현 프랑스 좌파당 당대표   조르당 바르델라 현 프랑스 국민연합 당대표

한동훈 현 국민의힘 당대표   이재명 현 더불어민주당 당대표   조국 현 조국혁신당 당대표   오세훈 현 서울시장   나경원 국민의힘 국회의원

추미애 더불어민주당 국회의원   배현진 국민의힘 국회의원   고민정 더불어민주당 국회의원   로버트 F. 케네디 미국 정치인

대중과의 소통, 문화적 감수성, 그리고 미디어와의 관계를 고려한 정치인 패션

정치인들이 끌리는 패션 공식을 거스르는 사례를 살펴보는 것은 그들의 이미지 관리, 대중과의 소통, 문화적 감수성, 그리고 미디어와의 관계를 이해하는 데 중요한 의미가 있다. 이는 정치인이 자신들의 메시지를 효과적으로 전달하고, 대중의 신뢰를 얻기 위해 옷차림을 어떻게 전략적으로 활용해야 하는지에 대한 중요한 통찰을 제공한다. 아래의 사례에서 볼 수 있듯이 정치인이 최악의 옷차림을 피하기 위해서는 몇 가지 중요한 요소를 고려해야 한다.

첫째, 자신이 참석하는 자리의 성격에 맞는 옷차림을 선택해야 한다. 워싱턴주 출신의 하원 의원 짐 맥더모트(Jim Mcdermott)의 사례에서 볼 수 있듯이, 너무 화려하거나 캐주얼한 요소는 공식적 자리에서는 부적절하게 보일 수 있다. 이는 정치인의 신뢰성과 전문성을 떨어뜨린다.

둘째, 시대에 맞는 패션 감각을 유지하는 것이 중요하다. 메릴랜드주 출신의 상원의원 바버라 미컬스키(Barbara Mikulski)의 어깨 패드 패션처럼 과거 유행을 고집하면 현재 트렌드와 맞지 않아 시대에 뒤떨어진 인상을 준다. 따라서 최신 패션 트렌드를 적절히 반영하는 것이 중요하다.

셋째, 개성을 표현하는 것은 절제 있게 해야 한다. 코네티컷주 출신의 하원의원 로사 델라로(Rosa Delauro)의 독특한 스타일은 개인적 개성을 강조하지만, 공식 자리에서는 지나치게 튀는 옷차림은 부적절하게 보일 수 있다. 정치인은 자신의 메시지를 효과적으로 전달하기 위해 대중의 신뢰를 얻어야 하는데, 너무 개성적인 옷차림은 이러한 목적을 방해할 수 있다.

넷째, 정장 선택에 신경 써야 한다. 상황에 걸맞은 정장과 넥타이 선택은 정치인의 전문성과 신뢰성을 높이는 데 도움이 된다.

마지막으로, 패션이 정치인의 이미지에 미치는 영향을 항상 염두에 두어야 한다. 옷차림은 단순한 외모의 문제가 아니라 대중과의 소통, 문화적 감수성, 미디어와의 관계 등 다양한 측면에서 중요한 역할을 한다. 따라서 정치인은 자신이 전달하고자 하는 메시지와 일치하는 옷차림을 선택해 긍정적 이미지를 구축해야 한다. 이러한 요소들을 고려하면 정치인은 최악의 옷차림을 피하고, 대중과 효과적으로 소통하면서 긍정적 이미지를 유지할 수 있을 것이다. 대중에게 신뢰감을 주는 정치인의 패션 공식에는 일반적으로 다음과 같은 공통점이 있다.

첫째, 적절한 형태와 스타일을 선택해야 한다. 정치인은 일상적 모습과 정식 행사에서 외모 관리에 신경 쓴다. 그들의 의상은 너무 화려하거나 딱딱하며 과장된 스타일을 지양한다.

둘째, 대중은 소박하고 전통적 스타일을 선호하는데, 이는 정치인의 패션 스타일에 반영된다. 정치인은 대개 검은색 또는 회색 정장 같은 전통적 옷을 입는다. 깔끔하고 체계적인 외모를 위해 공식적으로 허용되는 의상을 입고, 다른 사람들에게 신뢰감을 주는 드레스 코드를 유지한다. 그리고 대중의 눈에 매력적으로 보이도록 스타일을 정교하게 다듬는다. 헤어스타일, 메이크업 및 액세서리 선택은 신중하게 한다.

셋째, 자신의 체형과 개성에 맞는 맞춤형 의복을 착용해 자신감을 드러내며, 보다 전문적인 이미지를 전달한다. 이러한 패션 공식은 정치인이 대중과의 소통과 신뢰를 구축하는 데 영향을 미친다.

최악의 옷차림을 한 미국 정치인

2021년 '비즈니스 인사이더'에서 보도한 '최악의 옷차림을 한 미국 정치인 13인' 중 3인을 살펴보자.

짐 맥더모트.

짐 맥더모트(Jim Mcdermott)

워싱턴주 출신의 하원의원으로, 그의 독특한 스타일이 화제가 되었다. 그는 텍사스 목장을 연상시키는 *볼로 타이를 착용해 공식 자리에서 부적절하게 보인다는 평가를 받았다. 전통적 넥타이 대신 볼로 타이를 착용함으로써 지나치게 캐주얼한 이미지를 준다.

바버라 미컬스키.

바버라 미컬스키(Barbara Mikulski)

메릴랜드주 출신의 상원의원으로, 어깨 패드 패션으로 주목받았다. 그는 오랫동안 과도한 어깨 패드를 착용해 시대에 뒤떨어진 패션 감각을 보인다. 어깨 패드는 과거의 유행이지만, 현재 패션 트렌드와는 맞지 않아 부적절하게 보일 수 있다.

로사 델라로.

로사 델라로(Rosa Delauro)

코네티컷주 출신의 하원의원으로, 그의 독특한 스타일이 자주 언급되었다. 힙스터 느낌의 안경, 페이즐리 무늬, 무한한 스카프, 닥터페퍼(Dr. Pepper) 색상의 머리카락이 특징인 그의 스타일은 너무 개성적이어서 공식적 자리에서는 부적절하게 보일 수 있다.

포니테일의 멕시코 최초 여성 대통령 클라우디아 세인바움

2024년 6월 2일에 치른 멕시코 대통령 선거에서 역사상 처음으로 여성 대통령이 선출되었다. 검은 고무줄을 이용해 하나로 묶은 헤어스타일이 시그너처 스타일인 여성 국가원수의 등장은 '마초의 나라'로 알려진 멕시코에 큰 변화를 가져올 것으로 예상한다. 클라우디아 세인바움(Claudia Sheinbaum)은 선거운동 기간 내내 일관된 패션 선택으로 자신의 이미지를 강하게 각인시켰다. 그의 옷차림과 패션 스타일은 그의 정치적 메시지와 정체성을 반영하는 중요한 요소다.

공식 석상에서도 검은색 머리를 강조한 포니테일 헤어스타일과 달랑거리는 긴 이어링을 착용하는 세인바움의 외적 이미지는 기존 여성 정치인의 패션 공식을 파괴하고 있다.

그가 속한 정당은 멕시코의 집권당이기도 한 사회주의 정당으로, 약칭은 'MORENA'다. 스페인어로 '검은 머리'를 지칭하기에 세인바움의 검은 머리를 강조한 서민적 헤어스타일을 연출한 것으로 분석된다. 그리고 여성성을 드러내는 액세서리를 착용함으로써 여성 권익 증진과 빈곤 타파를 선포하는 이미지 전략을 활용했다고 분석된다.

그는 선거운동 기간 동안 특히 화이트 색상과 자신의 정당 색인 적갈색이 포함된 유사 색을 전략적으로 선택했다. 이는 당의 창립자인 안드레스 마누엘 로페스 오브라도르(Andres Manuel Lopez Obrador)와의 연속성을 강조하고, 그의 긍정적 이미지를 이어받으려는 의도를 나타낸다. 적갈색은 빨간색에서 명도를 낮춘 색으로 보라색과 비슷하다.

세인바움은 적갈색에서 명도와 채도를 조금 높인 보라색 의상을 통해 중요한 정치적 메시지를 전달했다. 적갈색을 기본 베이스 컬러로 하되 플라워 프린트나 머플러를 통해 빨간색을 포인트 컬러로 매치하는 경향이 있다. 적갈색 의상은 단순한 색상의 선택을 넘어 통합과 포용의 상징으로 작용했다. 보라색 느낌이 나는 적갈색은 정치적 스펙트럼의 양극단을 아우르는 색상으로, 세인바움의 통합 메시지를 강력하게 전달한다.

그가 적갈색 의상을 선택한 것은 당의 상징 색이기도 하지만 멕시코의 다양한 사회계층과 정치적 배경을 하나로 묶으려는 그의 의지를 시각적으로 표현한 것이다. 적갈색이 섞인 보라색은 그가 추진하는 통합 정치를 상징하며, 국민 모두를 아우르는 포용의 메시지를 담고 있다.

그의 패션 선택은 단순한 스타일 이상의 의미를 지니며, 멕시코 국민에게 깊은 인상을 심어주었다. 그의 표정은 지적이면서도 단호한 느낌이며, 실

하나로 묶은 헤어스타일이 시그너처로 자리 잡은 멕시코 최초 여성 대통령 클라우디아 세인바움.

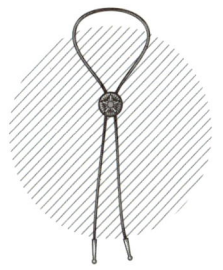

볼로 타이(bolo tie)

가죽 끈이나 끈 모양 줄을 금속 혹은 장식으로 묶어 목에 매는 형태의 넥타이. 미국 서부 지역에서 카우보이들이 즐겨 착용했으며, 현재는 미국 서부 스타일의 패션 아이템으로 알려져 있다.

내 연설장에서는 무릎 라인의 스커트 정장을 착용하고 실외에서는 역동성을 강조하는 슬랙스를 입는 등 장소나 상황에 따라 달리 선택한다. 이는 실용적이고 효율적인 리더로서의 이미지를 강화한다.

또한 그의 서민적 패션은 일반 국민과의 거리를 좁히는 데도 효과적이다. 지나치게 화려하지 않으면서도 소탈한 느낌을 유지해 국민에게 친근하면서도 신뢰감을 준다고 분석된다.

아르헨티나의 트럼프, 구레나룻에 록 스타 룩으로 정치판 흔드는 하비에르 밀레이

최근 트럼프 대통령이 미국 플로리다주 마러라고 리조트에서 개최된 선거 축하 행사에서 'MAGA(마가) 사람'이라고 표현한 하비에르 밀레이(Javier Milei) 대통령의 옷차림과 패션 스타일은 매우 독특하기로 유명하다. 이는 그의 정치적 메시지를 담고 있다. 그는 아르헨티나에서 '가발'이라는 별명을 가진 자유주의자로, 록 스타를 연상시키는 스타일을 선호한다. 빗질을 하지 않은 듯한 자유분방한 헤어스타일과 함께 강렬한 표정을 자주 지으며 전통적 정치인과는 다른 이미지를 대중에게 보여준다.

긴 구레나룻과 가죽 재킷으로 스타일을 완성한 아르헨티나 대통령.

밀레이는 종종 블랙 가죽 재킷을 입고 나타나는데, 이는 그의 자유로운 성격과 반체제적 메시지를 잘 드러낸다. 구레나룻 스타일은 마블 코믹스의 캐릭터 울버린을 연상시키며 그의 강한 이미지를 드러낸다. 가죽 재킷에 더해진 헝클어진 곱슬머리는 그가 주장하는 '자유'와 '반항'의 이미지를 잘 담고 있다.

밀레이는 정장을 입을 때 일반 정치인과 달리 칼라가 넓게 퍼진 와이드 스프레드 드레스셔츠를 선호한다. 이 셔츠는 굵은 넥타이 매듭과 어울리며, 밀레이의 존재감을 강조한다. 또 드레스셔츠의 소매를 길고 타이트하게 스타일링해 두 팔을 번쩍 들어 올릴 때도 손목이 드러나지 않도록 신경 쓴다.

밀레이의 패션 스타일은 그의 정치적 입장과 메시지를 시각적으로 표현하는 중요한 요소다. 자유로운 헤어스타일과 록 스타 같은 옷차림은 기성 정치권에 대한 반감을 가진 민심을 잘 반영하며, 그를 지지하는 사람에게 강한 인상을 남기고 있다.

BBC 기사에서는 그가 경제 위기 속에서 아르헨티나의 정치 풍향계를 흔들었다고 전하며, 그의 독특한 스타일에 주목했다. 〈뉴욕 타임스〉는 그의 록 스타 같은 룩과 함께 정치적 메시지를 분석하며, 밀레이의 패션이 그의 정치적 이미지에 어떤 영향을 미치는지 설명했다.

진지함에서 역동성으로,
영국 총리 키어 스타머의 전통적 패션 정치

제80대 총리이자 영국의 현직 영국 노동당 당수인 키어 스타머(Keir Starmer)의 패션 스타일은 매우 신중하고, 전통적 영국 중년 남성 정치인의 드레스 코드를 따른다. 대부분의 공식 석상에서 짙은 색상의 슈트와 화이트 또는 블루 드레스셔츠, 넥타이를 착용한다. 이러한 복장은 그의 진지하고 원칙주의적인 이미지를 더욱 부각시키며 신뢰감을 주지만, 때로는 고루해 보일 수 있게 한다.

2023년 10월 10일 리버풀 전당대회에서 연설 직전 무대에 난입한 남성이 스타머를 향해 반짝이 가루를 뿌린 사건이 발생했다. 스타머는 반짝이 가루가 묻은 재킷을 벗고 드레스셔츠 소매를 걷어 올리며 무대에 다시 올라갔다. 이러한 모습은 스타머의 이미지에 새로운 변화를 가져왔다는 분석을 낳았다. 지나치게 정적이던 그의 이미지가 소매를 걷어 올린 노타이 드레스셔츠 차림으로 역동적이고 친근하게 보였기 때문이다.

재킷을 벗고 무대에 오른 키어 스타머는 역동적 모습을 연출했다.

스타머의 헤어스타일은 짧고 깔끔하게 정리되어 전반적인 신뢰감을 강화하는 요소로 작용한다. 다만, 이러한 전통적 스타일은 진지함을 돋보이게 하지만, 유권자에게는 유연성과 카리스마가 부족해 보일 수 있다.

그의 패션은 신뢰감을 주는 전통적 스타일을 유지하면서도 때로는 자연스럽고 편안한 모습을 통해 이미지를 보완하고 있다. 이러한 접근은 그가 '진지한 원칙주의자'라는 이미지를 유지하면서도 더 많은 유권자에게 친근하게 다가갈 수 있는 방법으로 평가받는다.

연보라색 슈트로 전하는 통합의 메시지,
낸시 펠로시의 전략적 패션 선택

미국 민주당 전당대회에서 낸시 펠로시(Nancy Pelosi)가 연보라색 슈트를 선택한 데는 여러 전략적인 이유가 있다고 분석된다. 우선, 이 색상 자체가 중요한 의미를 담고 있다. 연보라색은 민주당을 상징하는 파란색과 공화당을 상징하는 빨간색의 중간색으로, 정치적 화합과 협력을 상징한다. 이번 행사에서 펠로시가 강조한 '통합'과 '연합' 메시지를 시각적으로 전달하는 데 아주 효과적인 선택이라고 볼 수 있다.

또한 이 의상은 펠로시의 품위와 권위를 동시에 잘 드러낸다. 그는 오랜 정치 경력을 통해 축적된 경험과 리더십을 부드럽고 세련되게 표현하고자 했다. 슈트 자체는 전통적이지만, 그가 연출한 전체 스타일은 너무 엄격하거나 딱딱하지 않고, 여전히 현대적 느낌을 자아낸다. 이는 그의 리더십이 단순히 강인하기만 한 것이 아니라, 유연성과 세련됨을 겸비하고 있음을 시사한다. 보라색과 갈색이 혼합된 볼드한 목걸이 같은 클래식한 액세서리도 중요한 요소다. 지나치게 화려하지 않으면서도 우아함을 더해준다. 이는 펠로시가 전하고자 하는 정치적 메시지와 일관성을 유지하면서도 그의 이미지를 안정적으로 관리하는 역할을 한다.

이처럼 펠로시가 선택한 패션 스타일은 그의 나이와 경력을 고려한 절제되고 격조 있는 스타일이다. 이런 스타일은 정치적 연륜과 신뢰감을 보여주면서도 현대적 감각을 놓치지 않아 젊은 유권자들과도 소통할 수 있는 여지를 남긴다. 이번 패션 선택은 펠로시가 민주당 내에서 중요한 목소리를 낼 수 있는 인물임을 시각적으로도 강조하고, 그의 메시지와 이미지를 일관되게 전달하기 위한 전략적 판단이라고 볼 수 있다.

── 패션으로 정치 무대를 지배한 아이콘

낸시 펠로시의 패션과 정치적 상징성은 그의 경력 전반에 걸쳐 큰 주목을 받아왔다. 그의 옷차림은 단순한 패션 선택이 아니라 정치적 메시지와 리더십을 표현하는 도구로 사용되었다.

먼저 펠로시는 팬츠 슈트와 진주 목걸이로 잘 알려져 있다. 종종 팬츠 슈트를 입고 주요 행사에 참석했으며, 진주 목걸이를 착용해 강인한 여성 리더의 이미지를 강조했다. 이러한 스타일은 그의 시그너처 룩이 되었고, 대중에게 강한 인상을 남겼다.

낸시 펠로시가 착용한 막스 마라 코트. 강인한 여성 리더의 모습을 강조했다.

특히 2018년에 그가 도널드 트럼프 전 대통령과의 회담 후 착용한 빨간색 막스 마라 코트는 큰 화제가 되었다. 이 코트는 소셜 미디어에서 바이럴되었고, 많은 사람이 그의 강력한 이미지와 리더십을 상징한다고 해석했다. 이로 인해 막스 마라는 2019년에 이 코트를 재출시하기로 결정했다. 2019년에는 여성 참정권 운동을 기념하기 위해 트럼프 전 대통령의 연두교서 연설에 흰색 팬츠 슈트를 입고 참석했다. 흰색은 여성이 정치적 권리와 힘을 상징하는데, 이는 그가 여성의 권리를 지지하고 있음을 명확히 나타내는 메시지였다.

또한 2020년 3월, 여성들의 역사적 공헌을 기념하기 위해 지정된 여성 역사 월간을 맞아 노동 및 시민권 운동가인 돌로레스 후에르타(Dolores Huerta)와 함께 사진을 찍었다. 이때 펠로시는 캐슬턴 그린 드레스와 금색 브로치를 착용해 여성의 공헌을 강조했다. 이는 역사적 여성들의 업적을 기념하고 존경하는 의미를 담고 있다. 2021년에는 팬츠 슈트와 함께 목 스카프를 자주 착용해 독특한 변화를 주어 새로운 스타일을 선보였다. 목 스카프는 그의 개인적 스타일에 더 많은 개성을 부여했다. 마지막으로, 2022년 케네디 센터 행사에서는 평소와 달리 반짝이는 브론즈 스커트 슈트를 입어 눈길을 끌었다. 그의 강인함과 부드러움을 동시에 표현한 순간이었다. 이처럼 낸시 펠로시의 패션은 그의 정치적 입장과 메시지를 효과적으로 전달하는 도구로 사용되었으며, 이는 그의 리더십과 영향력을 더욱 부각시키는 중요한 요소였다.

장뤼크 멜랑숑의 패션 혁명,
노동계급과의 연대와 엘리트주의 거부를 담은 스타일의 힘

장뤼크 멜랑숑(Jean-Luc Mélenchon)의 패션 스타일은 그의 정치적 이념과 깊은 관련이 있다. 그는 자연스럽게 흐트러진 회색 머리를 고수하는데, 진정성과 유연한 카리스마를 상징한다고 할 수 있다.

2017년 프랑스 대선 토론회에서 멜랑숑은 넥타이를 매지 않은 흰 셔츠와 어두운색 재킷을 입고 등장했다. 이는 실용적이고 소박한 스타일을 보여주며, 엘리트주의를 거부하는 그의 입장을 반영하는 선택이었다. 2018년 파리에서 열린 노동자 집회에서는 단순한 셔츠와 짙은 색 재킷, 그리고 청바지를 착용했다. 이런 캐주얼한 복장은 노동자들과의 연대감을 강조하며, '노동계급과 함께한다'는 그의 메시지를 시각적으로 표현했다.

2020년 환경보호 시위에서는 깔끔한 셔츠와 다크 그린 재킷을 입었다. 이는 환경문제에 대한 그의 관심을 반영하며, 시위의 주제와 조화를 이루는 패션 선택이었다. 이 사례는 그의 패션이 상황과 주제에 맞게 선택됨을 보여준다. 2021년 국회 연설에서 멜랑숑은 다시 한번 넥타이를 매지 않은 흰 셔츠와 어두운색 재킷을 입고 등장했다. 일관된 스타일을 유지하며 대중에게 친근하고 접근 가능한 이미지를 유지하려는 그의 노력을 엿볼 수 있다.

2022년 대선 출마 선언 자리에서는 회색 셔츠와 검은색 재킷을 착용했다. 자연스럽게 흐트러진 회색 머리와 더불어 이러한 복장은 진정성과 신뢰성을 강조하며, 엘리트주의를 거부하는 그의 메시지를 전달했다.

멜랑숑의 패션 선택은 단순한 옷차림 이상의 의미를 담고 있다. 청바지 같은 캐주얼한 요소를 통해 그는 더욱 친근하고 접근 가능한 정치인 이미지를 형성하며, 대중과의 연대를 강화한다. 이는 그가 중요한 공적 자리에서 언제나 깔끔한 셔츠와 어두운색 재킷을 입고 등장하는 모습과 일치한다. 그의 패션은 실용적이면서도 접근성을 중시하는 스타일로, 핵심 지지층인 노동계급 및 일반 대중과의 연대를 강화하는 역할을 한다.

회색 머리부터 넥타이를 매지 않은 스타일까지, 정치적 메시지를 담은 장뤼크 멜랑숑.

조르당 바르델라의 패션 혁신, RN의 극우 이미지를 세련된 스타일로 탈바꿈하다

프랑스 국민연합(RN)의 대표 조르당 바르델라(Jordan Bardella)의 패션 스타일은 깔끔하고 세련된 이미지로 주목받고 있다. 항상 짧고 단정한 헤어스타일에 정장을 착용하는데, 이는 그가 젊고 현대적 이미지를 강조하면서도 신뢰성을 전달하고자 하는 노력을 반영한 것이다.

2021년 RN 연례 대회에서 바르델라는 짙은 네이비 정장에 흰색 셔츠와 네이비 넥타이를 매치했다. 이 세련되고 보수적 스타일은 젊은 유권자에게 호소력 짙은 이미지로 다가갔다. 그의 단정한 헤어스타일은 이러한 이미지에 더해져 더욱 강한 인상을 남겼다.

2022년 대선 출마 선언 자리에서는 회색 정장과 파란색 넥타이를 착용했다. 이때도 역시 단정한 헤어스타일과 잘 맞는 정장은 그가 젊고 현대적인 동시에 진지하고 신뢰할 수 있는 정치인임을 강조했다. 이 자리는 RN의 이미지 변화를 시도하는 중요한 순간이었으며, 바르델라의 패션은 이러한 메시지를 시각적으로 잘 전달했다.

유럽의회에서 연설할 때는 다크 그레이 색상의 정장과 흰색 셔츠, 검은색 넥타이를 착용해 그의 진지함과 전문성을 더욱 부각시켰다. 그는 항상 깔끔하고 단정한 외모를 유지하며 RN의 극우 이미지를 완화하고자 하는 노력을 보여주었다. TV 인터뷰에서는 캐주얼하면서도 세련된 룩을 선보였다. 짙은 색 스웨터와 밝은 셔츠를 레이어드해 편안하면서도 깔끔한 이미지를 연출해 젊은 유권자에게 친근하게 다가가고자 했다.

조르당 바르델라는 패션을 통해 RN의 이미지를 현대적이고 친근하게 변화시키려는 노력을 기울이고 있다. 그의 스타일은 항상 짧고 단정한 헤어스타일과 그에 걸맞은 정장으로 일관되는데, 이는 그의 진지함과 신뢰성을 강조하는 데 기여할 뿐 아니라 젊은 유권자에게 호소력을 높이는 동시에 RN의 극우 이미지를 완화하는 역할을 한다고 분석된다.

정치적 방향을 이해하는 중요한 단서, 당대표 패션

정치인, 특히 당대표 같은 고위급 정치인의 패션은 단순히 개인의 스타일을 넘어 대중과 소통하고 정치적 메시지를 전달하는 중요한 수단으로 작용한다. 메라비안의 법칙(Mehrabian's Communication Model)에 의하면, 커뮤니케이션에서 메시지의 의미를 전달하는 데 언어적 요소는 7%, 목소리 톤 같은 청각

젊은 정치인의 보수적 패션은 전 세대를 아우를 수 있는 도구로 사용된다.

적 요소는 38%, 그리고 표정·제스처·패션 같은 시각적 요소가 55%를 차지한다. 이 7-38-55 법칙은 특히 감정이나 태도를 표현할 때 더욱 두드러진다. 정치인이 대중에게 자신을 어떻게 인식시킬지, 그리고 어떤 이미지를 구축할지 결정하는 데 이 시각적 요소의 중요성을 간과할 수 없는 이유가 여기에 있다.

대중은 정치인의 연설 내용뿐 아니라 패션 스타일, 제스처 등을 통해 무의식적으로 메시지를 해석한다. 국민의힘 한동훈 대표와 더불어민주당 이재명 대표의 패션이 대중에게 미치는 영향력은 이 법칙에서 설명하는 시각적 요소의 강력함을 잘 보여준다. 당대표 같은 정치 지도자는 대중에게 일관된 메시지를 전달하고 당의 정체성을 시각적으로 드러내야 하는데, 이 과정에서 패션은 핵심 역할을 한다.

예를 들어 특정 색상이나 스타일은 당의 상징과 가치를 반영하거나 특정 유권자층에 초점을 맞추는 데 유용하다. 패션은 그 자체로 메시지를 전달할 수 있는 강력한 도구로, 정치적 의사소통에서 매우 중요한 변수로 자리 잡았다. 따라서 한동훈 대표와 이재명 대표의 패션 스타일을 분석하는 것은 단순한 이미지 이상의 의미를 지닌다. 이들의 패션은 각각 대중과의 소통 방식, 정치적 메시지, 리더십 스타일을 시각적으로 표현하고 있으며, 그들이 지향하는 정치적 방향을 이해하는 중요한 단서가 된다. 한동훈 대표와 이재명 대표는 각각의 패션을 통해 정치적 메시지를 전달하며, 이를 통해 각자의 이미지 브랜딩과 리더십을 부각하고 있다. 두 정치인의 패션 스타일은 서로 다른 성향과 메시지를 반영하며, 그들의 정치적 전략을 시각적으로 강화하는 데 중요한 역할을 한다.

더불어민주당과 국민의힘 당대표의 모습.

한동훈 대표의 시그너처 패션, 클래식과 개성의 조화

한동훈 대표의 패션은 클래식하면서도 세련된 스타일을 기반으로 하며, 독창적이고 개성 있는 요소를 추가해 강렬한 인상을 남긴다. 특히 검은 뿔테 안경은 지적이고 단호한 이미지를 강조하며, 그의 고유한 패션 트레이드마크가 되었다. 그는 공식 석상에서 정제된 클래식 슈트를 즐겨 입으며, 다양한 타이 패턴으로 정치적 메시지를 전달한다.

공청회나 기자회견에서 선택한 타이는 그의 단호한 성향과 강한 의지를 표현하는 수단으로 활용된다. 그의 패션은 보수적 이미지와 현대적 감각을 동시에 담고 있으며, 이는 보수층 지지자들에게 안정감을 주면서도 젊고 세련된 이미지를 전달한다. 또한 비공식적 자리에서는 캐주얼한 패션을 선택해 대중과 소통하는 모습을 보인다.

2024년 1월 부산 자갈치시장을 방문했을 때 입은 '1992' 레터링 맨투맨은 편안하면서도 메시지 전달이 명확한 스타일로, 부산 지역의 정서와 연결된 정치적 메시지를 표현했다. 이 맨투맨은 큰 인기를 끌며 패션 플랫폼에서 판매 1위를 기록하기도 했다.

한동훈 대표의 시그너처 패션을 상징하는 키워드는 검은 뿔테 안경, 슬림한 슈트, 다양한 패턴의 타이, 트렌치코트, 그리고 캐주얼한 아이템들이다. 이러한 스타일은 그가 지적이고 세련된 이미지를 구축하는 데 기여하며, 그의 정치적 메시지를 시각적으로 표현하는 핵심 요소들이다.

클래식하면서 세련된 인상을 중요시하는 한동훈 대표의 패션.

공직자의 고정관념을 탈피하다, 한동훈의 패러다임 체인지 패션
국민의힘 한동훈 대표의 패션 스타일은 정치인으로서 이미지와 메시지를 효과적으로 전달하는 중요한 수단이다. 그의 스타일링은 그가 전달하고자 하는 정치적 메시지를 담고 있으며, 이를 통해 대중의 관심을 끌고 있다.

한동훈 대표의 공식 석상 패션

고정된 이미지 탈피를 위한 패션 소품 활용
2022년 유시민 전 노무현재단 이사장의 재판 출석 당일, 한동훈 대표는 붉은색과 녹색, 푸른색이 섞인 스카프를 착용했다. 이는 그가 패션으로 정치적 메시지와 상징성을 담고 있음을 보여주는 사례다. 그는 평소에도 다양한 프레임의 안경을 착용하며, 의상 스타일에 따라 안경을 연출함으로써 고정된 이미지에서 벗어나려는 노력을 했다.

정장과 넥타이의 적절한 매치
2023년 2월, 교육·사회·문화 대정부 질문 당시 서울 여의도 국회에서 열린 대정부 질문에서는 클래식한 정장과 넥타이를 착용했다. 정장과 넥타이는 그의 정치적 메시지를 전달하는 도구로 활용되고 있으며, 넥타이 매듭법이나 넥타이핀을 통해 자신의 정치적 전략 메시지를 전달했다.

화려한 무늬 스카프로 뽐낸 패션 감각
2023년 11월 국회 세미나에서는 푸른색 바탕에 붉은 새와 꽃무늬가 있는 화려한 스카프를 스타일링한 모습으로 나타났다. 이는 그의 에지 있는 연출을 통해 고정된 이미지에서 벗어나려는 시도를 보여주었다. 이처럼 한동훈 대표는 다양한 색상과 무늬의 스카프를 착용해 자신의 패션 감각과 차별화한 이미지를 강조했다.

── 차별화한 패션 스타일

한동훈 대표는 국민의힘 비대위원장 수락 연설에서 붉은색 목도리를 착용하고 등장했다. 붉은색은 국민의힘의 상징 색으로 혁신과 생명을 의미한다. 그는 연설에서 '정치인은 국민의 공복이니 우리가 누구에게든 더 잘해야 합니다. 무릎을 굽히고 낮은 자세로 국민만 바라봅시다'라고 말하며 소신을 밝혔다. 이는 그의 패션 스타일이 단순한 외모 치장이 아니라 정치적 메시지를 전달하는 도구임을 보여준다.

── 넥타이는 전략 메시지 브리핑 수단

한동훈 대표는 최근 이마를 드러내는 헤어스타일을 통해 신뢰감 있는 이미지를 강화하고 있다. 법무부 장관 취임식에서 착용한 갈색 훈민정음 넥타이는 이번 비대위원장 수락 연설 자리에서도 동일하게 매고 나왔다. 이 넥타이에는 조선 세종 때 훈민정음으로 쓴 최초의 작품인 '용비어천가'의 '뿌리 깊은 나무는 바람에 아니 흔들려 꽃이 좋아지고 열매가 많아지나니' 구절이 적혀 있어, 바람에 흔들리지 않는 뿌리 깊은 나무처럼 소임을 다하겠다는 메시지가 있다. 한 대표는 슈트 핏에서 V존을 시그너처 스타일링 포인트로 활용한다. 그는 넥타이 매듭법이나 넥타이핀을 통해 정치적 전략 메시지를 전달한다.

── 패러다임 체인지, 고정관념 깨뜨린 취향과 스타일

한동훈 대표는 다양한 스카프와 안경 연출을 통해 정치인의 고정된 이미지에서 탈피하고 있다. 예를 들어 붉은색·녹색·푸른색이 섞인 스카프를 착용해 화제를 모은 바 있으며, 국회 세미나에서도 푸른색 바탕에 붉은 새와 꽃무늬가 있는 스카프를 통해 에지 있는 연출을 했다. 또한 의상 스타일에 따라 다양한 프레임의 안경을 착용해 공직자의 고정된 이미지에서 벗어나려는 시도를 하고 있다.

스카프를 통해 패션 감각을 강조한 한동훈 대표.

 그는 주로 굵은 프레임의 빅 사이즈 안경을 선호하지만, 상황에 따라 다양한 안경으로 변화를 주기도 한다. 공식적인 자리에서는 레귤러 칼라 셔츠를 착용하고, 특별한 자리에서는 넓은 와이드 칼라 셔츠를 통해 세련된 이미지를 연출한다. 한동훈 대표의 패션 스타일은 그의 정치적 메시지와 이미지 브랜딩에 큰 역할을 하며, 이를 통해 혁신적이고 소신 있는 정치인으로 자리매김하고 있다. 그의 스타일링은 정치적 메시지를 효과적으로 전달하는 중요한 수단이 되고 있다.

블루의 정치학, 이재명 당대표의 스타일로 읽는 메시지

더불어민주당 이재명 대표의 패션은 실용적이고 안정감을 주는 스타일이 중심이다. 그는 공식 석상에서는 주로 블루 계열의 정장을 선택해 차분하고 신뢰감을 주는 이미지를 강조한다.

특히 당의 상징 색인 블루 톤을 적극 활용해 메시지를 전달하면서 당의 가치를 일관되게 반영하고 있다고 분석된다. 예를 들어 당내 행사에서는 연한 블루 셔츠와 네이비 정장, 그리고 블루 넥타이를 매치해 안정적이고 일관된 이미지를 전달했다.

비공식적 자리나 대중과 소통하는 자리에서는 소매를 걷은 블루 셔츠를 자주 입는다. 이는 대중과의 친밀감을 표현하며, 연결과 협력을 강조하는 그의 리더십을 강조하는 매개체가 된다. 거리 연설이나 집회에서는 이러한 비즈니스 캐주얼 스타일이 그의 대중 친화적 이미지를 강화하는 데 중요한 역할을 했다.

이재명 대표는 헤어스타일과 안경도 정치적 메시지를 강화하는 데 자연스럽게 활용하는 편이다. 지난 대선 레이스 당시 검은 머리에서 회갈색으로 염색한 것은 연륜과 안정감을 강조하기 위한 시도였으며, 이후 짙은 갈색으로 변하면서 신뢰와 무게감을 더했다. 또한 클래식한 테 안경은 지적이고 부드러운 이미지를 한층 더 부각시킨다. 이재명 대표의 시그너처 패션을 상징하는 키워드는 블루 톤, 정장, 소매를 걷은 셔츠, 클래식한 안경, 그리고 안정감이다. 이 요소들은 그가 실용적이면서도 안정적인 더불어민주당 당대표의 이미지를 형성하는 데 중요한 역할을 한다.

정치인의 진정성 없는 패션은 메시지 왜곡과 신뢰도 하락 초래

한동훈 대표는 패션을 통해 '소통'과 '혁신' 의지를 강조한다. 슈트와 뿔테 안경, 타이 패턴을 통해 클래식하고 정제된 이미지를 유지하면서도 개성 있는 스타일링으로 자신만의 이미지를 구축했다. 캐주얼한 자리에서도 지역 정서나 이슈와 맞춘 패션을 선택해 정치적 메시지를 전달하는 방식은 신선했다.

이재명 대표는 패션을 통해 '안정감'과 '실용성'을 강조한다. 블루 계열의 정장과 셔츠는 그의 리더십이 민주당의 가치를 반영하고 있음을 시각적으로 표현하며, 대중에게 신뢰와 안정감을 주는 효과를 발휘한다. 소매를 걷은 셔츠는 대중과의 연결을 강조하고 친근한 이미지를 전달하며, 이러한 스타일은 그의 대중 친화적 정치 전략을 잘 보여준다.

이렇듯 정치인의 패션은 단순한 외모가 아니라, 그들의 가치관과 리더십

계양산 전통시장을 방문한 이재명 대표.
친근하면서 활동적 모습을 강조했다.

이재명 대표의 공식 석상 패션

상황에 맞게 연출한 비즈니스 캐주얼
2024년 5월에 있었던 인천 어린이놀이축제에서는 그레이 컬러 체크무늬 재킷에 화이트 셔츠와 블랙 슬랙스를 매치해 경쾌한 비즈니스 캐주얼을 연출했다.

수건을 활용한 서민적 이미지 연출
2024년 9월, 전남 곡성 방문 당시 라이트블루 컬러 셔츠에 블루 컬러 조끼를 착용했다. 수건을 목에 두른 채 백세미를 베며 농민들을 돕는 서민적 이미지가 자연스럽게 전달되었다.

역동적인 이미지를 강조한 스타일
2024년 9월, 계양산 전통시장 방문 당시 스카이블루 재킷에 화이트 티셔츠에 짙은 네이비 색상의 슬랙스를 매치해 역동적 이미지를 강조했다.

을 시각적으로 드러내는 중요한 도구다. 괴테의 작품 〈파우스트〉에 "옷이 사람을 만든다"는 말이 나온다. 이 말처럼 정치인의 의상은 정치적 메시지를 강화하고 대중과의 연결 고리를 만드는 핵심 요소가 된다.

그러나 이 모든 것의 중심에는 진정성이 있어야 한다. 일관성 없는 패션은 이미지 손상은 물론 메시지의 왜곡, 여론의 악화, 그리고 신뢰도 하락을 불러온다. 패션을 전략적으로 활용하지 못하면 정치적 입지까지 잃을 수 있다. 결국 아무리 멋진 옷이라도 진심이 담기지 않으면 대중은 그 속내를 간파하기 마련이다. 양당 대표의 향후 정치 행보가 중도층을 겨냥한 전략에 집중될 가능성이 큰 가운데 어떤 패션 메시지 전략으로 그들의 마음을 움직일지 주목된다.

레터링 넥타이로 정치적 메시지 전달하는 조국혁신당 대표 조국

조국혁신당 조국 대표는 넥타이를 통해 자신의 정치적 메시지를 전달하는 전략을 사용한다. 대표적 예로 제44주년 5·18민주화운동 기념식에서 '5·18 폭정 종식'이라는 글귀가 적힌 레터링 넥타이를 착용해 큰 관심을 끌었다. 이는 단순히 외모를 꾸미는 것을 넘어 넥타이 하나로도 강력한 정치적 메시지를 전달할 수 있음을 보여준다. 이러한 전략은 그의 메시지가 대중에게 더 효과적으로 전달되도록 한다.

5·18민주화운동 기념식에서 착용한 레터링 넥타이.

정돈된 이미지를 위한 깔끔한 정장 스타일

조국 대표의 정장 스타일은 깔끔하고 정돈된 이미지를 강조한다. 그는 주로 짙은 네이비 정장에 푸른 넥타이를 자주 착용한다. 이 스타일은 2023년 4월에 진행된 전국지역민방 공동 기획 인터뷰 사진에서 잘 나타난다. 그의 정장은 목둘레와 소매 부분이 잘 맞아떨어지는 드레스셔츠와 클래식한 핏의 슈트로 구성되어 있다. 이러한 스타일은 그를 깔끔하고 권위 있는 이미지로 만들어주며, 정치인으로서 대중에게 신뢰감을 주는 중요한 요소로 작용한다.

조국 대표는 깔끔하고 정돈된 이미지를 위해 푸른 넥타이를 주로 착용한다.

공식 석상에서의 헤어스타일과 표정

조국 대표는 염색하지 않은 자연스러운 희끗한 앞머리를 그의 시그너처 스타일로 유지하고 있다. 공식 석상에서는 비장하고 결의에 찬 표정을 자주 짓는다. 예를 들어 국회 연설이나 중요한 정책 발표 자리에서는 비장한 표정과 깔끔한 정장 스타일이 그가 전달하고자 하는 메시지의 무게를 더한다. 이러한 모습은 그가 국민에게 신뢰와 결의를 보여주고자 하는 의지를 나타낸다.

조국 대표의 공식 석상 패션

넥타이에 새긴 정치적 메시지
제44주년 5·18민주화운동 기념식에서 조국 대표는 '5·18 폭정 종식'이라는 문구가 적힌 넥타이를 착용해 자신의 정치적 메시지를 강력하게 전달했다. 이는 많은 언론과 대중의 주목을 받았다.

신뢰감을 높이는 컬러 선택
전국지역민방 공동 기획인터뷰에서는 짙은 네이비 정장과 푸른 넥타이를 착용하고 인터뷰에 참석해 깔끔하고 정돈된 이미지를 연출했다. 이는 그의 신뢰감을 높이는 중요한 요소였다.

친근한 이미지를 강조한 비공식 모임
사적인 자리에서는 보다 캐주얼한 복장과 부드러운 표정을 통해 친근한 이미지를 강조했다. 이는 대중과의 거리감을 줄이고 호감도를 높이는 데 기여했다.

── 캐주얼한 복장과 자연스러운 헤어스타일

조국 대표는 사적 자리에서는 부드러운 눈매와 은근한 멋을 강조하는 스타일을 선호한다. 예를 들어 비공식적 모임이나 사적 만남 자리에서는 캐주얼한 복장과 자연스러운 헤어스타일로 나타나는데, 이는 그의 부드럽고 친근한 이미지를 형성하는 데 기여한다. 이러한 차별화한 스타일은 그가 다양한 상황에서 대중과 소통할 수 있도록 돕는다.

── 정치인 패션의 중요성

현대 정치 환경에서는 정당 충성도보다 정치인 개인의 브랜드가 중요해지고 있다. 조국 대표는 이러한 변화를 인식하고 자신의 시각적 이미지를 효과적으로 활용하고 있다. 세계적인 문학 평론가 츠베탄 토도로프(Tzvetan Todorov) 등의 연구에 따르면 정치인의 얼굴만 보고도 국민은 능력을 추론할 수 있으며, 이는 선거 결과의 68.8%를 예측할 수 있었다.

 이러한 연구는 유권자들이 후보자를 선택할 때 합리적이고 정교한 숙고보다는 즉각적이고 직관적인 추론에 의존한다는 사실을 보여준다. 조국 대표는 이 점을 잘 이해하고 있으며, 그의 이미지 브랜딩은 진정성을 바탕으로 국민에게 신뢰감을 주고자 한다. 진정성 없는 이미지 브랜딩은 모래성과 같기 때문이다.

 이처럼 조국 대표는 다양한 자리에서 적절한 스타일을 통해 자신의 이미지를 효과적으로 관리하며, 이를 통해 정치인으로서 신뢰와 호감을 높이고 있다.

오세훈 서울시장의 미래를 밝힌 핑크 패션, 정치와 스타일의 조화

오세훈 서울시장의 패션 스타일은 그의 정치적 이미지와 리더십을 표현하는 중요한 요소로 작용한다. 그의 스타일은 상황에 따라 매우 다양하며, 각 행사와 자리에서 그에 맞는 적절한 옷차림을 선택함으로써 시민들과의 소통을 강화하고 있다.

 두바이에서 열린 'Seoul My Soul in Dubai(서울 마이 소울 인 두바이)' 관광 프로모션 행사에서는 연한 분홍색 셔츠와 화이트 바지를 착용하고, 흰색 스니커즈와 양말로 마무리해 밝고 경쾌한 이미지를 강조했다. 핑크색은 일반적으로 남성 리더들이 쉽게 도전하지 않는 색상이지만, 오세훈 시장은 이를 잘 소화해 서울의 미래를 밝게 비추고자 하는 의지를 스타일로 표현했다.

 서울국제정원박람회에서는 핑크빛 셔츠에 다크 그레이 슈트를 입고 토크 콘서트에 참석했다. 넥타이를 생략한 이 스타일은 부드러우면서도 세련된

분홍색 셔츠를 통해 서울의 밝은 미래를 상징적으로 표현했다.

느낌을 주었으며, 핑크색을 통해 친근하고 따뜻한 이미지를 전달했다. 이는 '정원과 자연, 그리고 치유'라는 박람회의 주제와도 더없이 잘 어울렸다.

유튜브 채널 '오세훈TV'에서 청년들과 함께할 때는 흰색 티셔츠에 파란색 셔츠 점퍼를 착용하고 화이트 모자를 매치했다. 이 캐주얼한 스타일은 접근하기 쉬운 모습을 보여주며, 청년들과의 소통을 원활하게 하는 데 도움이 되었다. 특히 오랜 고립·은둔 생활을 극복한 청년들에게 친근감을 주었다.

서울시와 아부다비 행정교통부 상호 우호 도시 협약식에서는 짙은 블랙 네이비 슈트에 화이트 셔츠, 그리고 다크 와인 컬러 넥타이를 착용했다. 이 정중한 스타일은 격식을 갖춘 자리에서 신뢰성과 권위감을 더해주며, 중요한 협약을 체결하는 데 적합한 옷차림이었다.

서울패션위크에서도 오세훈 시장의 패션 감각은 돋보였다. 2024 F/W 서울패션위크에 참석한 그는 서울의 공식 색상인 '스카이코랄' 색상의 상의를 입고 등장했다. 이는 서울시의 브랜드 이미지를 패션을 통해 강조한 것으로, 패션위크의 세련된 분위기와 잘 어울렸다. 특히 이러한 색상 선택은 도시의

2024 F/W 서울패션위크 때 스카이코랄 컬러 상의를 입었다.

오세훈 시장의 정치인의 공식 석상 패션

서울의 미래를 표현한 패션
두바이에서 열린 'Seoul My Soul in Dubai' 관광 프로모션 행사에서는 연한 분홍색 셔츠와 화이트 바지를 착용했고, 흰색 스니커즈와 양말을 매치해 밝고 경쾌한 이미지를 강조했다. 핑크색은 일반적으로 남성 리더들이 잘 선택하지 않는 색상이지만, 오세훈 시장은 이를 잘 소화하며 서울의 밝은 미래를 상징적으로 나타냈다.

정중한 자리에 걸맞은 옷차림
서울시와 아부다비 행정교통부 상호 우호 도시 협약식에서 짙은 블랙 네이비 슈트에 화이트 셔츠, 그리고 다크 와인 컬러 넥타이를 착용했다. 이 정중한 스타일은 격식을 갖춘 자리에서 신뢰와 권위를 더해주며, 중요한 협약을 체결하는 데 걸맞은 옷차림이었다.

행사의 분위기에 따른 색상 선택
서울패션위크에서도 오세훈 시장의 패션 감각은 돋보였는데, 서울의 공식 색상인 스카이코랄 컬러 상의를 입고 등장했다. 이는 서울시의 브랜드 이미지를 패션을 통해 강조한 것으로, 패션위크의 세련된 분위기와 잘 어울렸다. 특히 이러한 색상 선택은 도시의 현대적이고 혁신적인 이미지를 부각하는 데 기여했다.

현대적이고 혁신적인 이미지를 부각시키는 데 기여했다.

오세훈 시장의 옷차림은 단순히 겉모습을 넘어 그의 정치적 신념과 리더십을 반영하는 중요한 요소로 작용하고 있다. 그의 균형 잡힌 스타일은 시장으로서 안정감과 신뢰를 제공하며, 서울시의 미래를 밝게 비추는 데 일조한다. 단정하고 세련된 스타일은 신뢰와 권위를 주며, 따뜻해 보이는 미소와 어울려 시민들과의 소통을 원활하게 하는 중요한 요소로 평가된다. 이는 그가 공적 인물로서도 긍정적 인상을 심어주는 데 크게 기여하고 있다.

지적이고 도회적인 매력의 나경원, 판사 출신 정치인의 패션 비밀

나경원 국회의원의 패션 스타일은 지적이고 도회적인 이미지를 잘 표현하는 것으로 유명하다. 판사 출신 정치인으로서 다양한 색상의 옷을 착용하지만, 무채색과 유채색을 적절히 혼합해 세련된 이미지를 유지한다.

나경원 의원의 패션을 분석한 내용에 따르면, 그의 옷차림에서 무채색이 56.8%를 차지하고, 유채색이 43.2%를 차지한다고 한다. 주로 붉은색을 사용하며, 서브 컬러 및 악센트 컬러로는 흰색을 많이 사용한다. 이러한 색상 선택은 그의 단정하고 깔끔한 이미지를 강화한다.

무채색 옷을 주로 착용하는 나경원 의원.

나경원 의원은 행사 특성에 따라 다양한 색상의 옷을 착용한다. 예를 들어 제1회 동작 어린이 대축제에서는 오렌지 컬러의 라운드 티와 블랙 바지, 운동화를 착용해 캐주얼하면서도 활동적인 모습을 보여주었다. 지역 주민들과 만날 때는 카키 그레이 투 버튼 재킷에 화이트 라운드 이너웨어를 선택해 깔

나경원 의원의 공식 석상 패션

오렌지 색상으로 표현 활동적 이미지

제1회 동작 어린이 대축제에서 캐주얼한 오렌지 컬러의 라운드 티셔츠와 블랙 바지, 운동화를 착용해 활동적 이미지를 연출했다. 이는 행사 특성상 아이들과의 친밀한 소통을 강조하기 위한 선택으로 보인다.

지적인 이미지 강조를 위한 스타일링

서울시장과의 현안 정책 면담에서 라이트 브라운 재킷에 실키한 블랙 셔츠를 코디하고 에지 있는 브로치를 매치해 세련된 느낌을 더했다. 이러한 스타일은 중요한 정책 논의 자리에서 지적이고 세련된 이미지를 강조하는 데 효과적이었다.

끔하고 신뢰감을 주는 이미지를 연출했다. 서울시장과의 현안 정책 면담 시간에는 라이트 브라운 재킷에 실키한 블랙 셔츠를 코디하고 브로치를 착용해 세련된 느낌을 더했다.

나경원 의원의 패션 스타일은 시간과 장소에 맞게 적절히 변화를 주어 항상 도회적이고 지적인 이미지를 유지하며, 공적인 이미지와 잘 맞아떨어져 신뢰감을 준다. 특히 밝고 화사한 컬러부터 차분하고 톤 다운된 색상까지 다양한 색상의 슈트와 재킷을 활용하며, 스카프와 브로치 등의 액세서리로 포인트를 주어 세련된 스타일을 완성한다.

나경원 의원의 패션은 정치인으로서 그의 역할과 이미지를 잘 반영하고 있으며, 다양한 행사와 상황에 맞추어 스타일링한다는 점에서 많은 사람에게 참고가 될 수 있다.

유채색의 마법, 추미애 의원의 패션 컬러 비율!

역동적이고 화려한 색상의 옷을 주로 착용하는 추미애 국회의원.

추미애 국회의원의 패션 스타일을 분석하면 그가 주로 유채색을 활용해 경쾌하고 특색 있는 패션을 선보이는 것을 알 수 있다. 유채색 사용 비율이 67.2%로 무채색(32.8%)보다 훨씬 높다. 이는 그의 역동적이고 활기찬 성격을 반영하는 것으로 볼 수 있다. 유채색의 활용은 추미애 국회의원의 이미지와 성향을 표현하는 중요한 요소로 작용한다.

추미애 의원은 공식 석상에서 주로 유채색 의상을 선택해 눈길을 끌었다. 예를 들어 국회의장 선거 출마 선언 기자회견에서 그는 하늘색 식스 버튼 재킷을 입고, 채도 높은 밝은 파란색 스카프를 코디했다. 이 식스 버튼 재킷은 단추가 6개 달려 있어 그 자체로도 시선을 집중시키는 효과가 있다.

제22대 국회 더불어민주당 제1기 원내대표 선출 당선자 총회에서는 녹색 재킷에 녹색, 붉은색, 푸른색이 섞인 스카프를 매치했다. 이처럼 다양한 색상의 조화는 경쾌하고 활기찬 이미지를 부각하며, 그의 개성을 잘 드러낸다. 이러한 색상 선택은 단순히 눈에 띄는 것 이상의 의미가 있으며, 추미애 의원의 성향과 리더십을 강조하는 역할을 한다. 그의 패션에서 나타나는 색채의 분포와 활용은 매우 특징적이며, 이는 그의 이미지 메이킹에 중요한 요소로 작용한다.

추미애 의원의 패션 스타일은 그의 성향과 이미지에 대한 깊은 이해를 바탕으로 한다. 유채색을 선택하는 건 그의 긍정적이고 역동적인 이미지를 표현하며, 각 행사에 걸맞은 조합을 통해 세련되고 개성 있는 이미지를 구축한다. 이러한 패션 선택은 추미애 의원의 개성과 리더십을 강조하며, 대중과

추미애 의원의 공식 석상 패션

눈길을 사로잡는 유채색 의상 선택
추미애 국회의원은 공식 석상에서 주로 유채색 의상을 선택해 눈길을 끌었다. 국회의장 선거 출마 선언 기자회견에서 그는 하늘색 식스 버튼 재킷을 입고, 채도 높은 밝은 파란색 스카프를 코디했다.

스카프로 표현한 활기찬 이미지
제22대 국회 더불어민주당 제1기 원내대표 선출 당선자 총회에서는 녹색 재킷에 녹색, 붉은색, 푸른색이 섞인 스카프를 매치했다.

의 소통에서도 긍정적 역할을 한다고 분석된다.

전반적으로 그의 패션 스타일은 유채색의 경쾌함과 특색 있는 요소들이 두드러진다. 이는 그의 성향을 반영하는 동시에 공식 석상에서의 이미지를 보다 활기차고 긍정적으로 만드는 데 중요한 역할을 한다. 추미애 의원의 개성과 성향을 잘 반영하는 유채색 패션은 그의 성격과 리더십을 시각적으로 표현하는 중요한 수단으로 작용하며, 대중과의 원활한 소통에도 일조한다.

배현진 의원의 단발 헤어와 운동화로 완성하는 현장 정치

배현진 국회의원의 패션 스타일은 깔끔하고 실용적이며, 신뢰감을 주는 이미지로 요약할 수 있다. 배현진 의원은 전직 MBC 아나운서 출신으로, 방송인으로서의 경력을 살려 단정하고 세련된 옷차림을 유지하고 있다. 깔끔한 단발 헤어스타일을 고수하는데, 이는 활동적이고 기민한 이미지를 강화하고, 정치인으로서 신뢰성을 높이는 데 기여한다.

주로 당을 상징하는 색인 재킷을 착용하는 배현진 의원.

배현진 의원은 공식적인 자리에서는 주로 당의 상징 색인 붉은색과 파란색 재킷을 착용하되 불필요한 장식 없이 명료하고 실용적 디자인으로, 신뢰성과 전문성을 강조한다. 심플한 이너웨어에 빨간색·화이트·그레이 등 단정한 재킷을 입어 깔끔하고 정돈된 이미지를 유지한다. 이러한 패션 스타일은 그가 맡고 있는 공적인 역할에 걸맞은 신뢰감을 주는 데 도움이 된다.

비공식적 자리에서는 보다 자연스럽고 편안한 스타일을 추구한다. 예를 들어 페이스북 대표 사진에서 배현진 의원은 재킷 없이 하늘색 셔츠를 입어 성실하고 세련된 이미지를 강조한다. 이러한 비공식적 자리에서의 패션은 그가 국민과 가까이 소통하고 있다는 메시지를 전달하며, 대중과의 거리감을 좁히는 데 기여한다. 또한 배현진 의원은 운동화를 자주 착용해 현장에서 발로 뛰는 정치인의 이미지를 강화하고 있다. 이는 그가 국민과의 소통을 중요시하고, 직접 현장을 다니며 문제를 해결하려는 의지를 보여준다고 할 수 있다. 이러한 패션 선택은 대중과의 친밀감을 높이고, 정치인으로서 보다 인간적 면모를 강조하는 데 큰 역할을 한다.

배현진 의원의 스타일은 공적 이미지와 패션 감각을 조화롭게 융합한 사례로, 실용성과 세련됨을 동시에 갖추고 있다. 이러한 패션 선택은 그가 맡고 있는 역할에 걸맞은 신뢰성과 전문성을 강조하면서도 국민과의 친밀감을 유지하는 데 큰 도움이 된다.

고민정 최고위원의 깔끔하면서도 실용적 패션 철학

고민정 최고위원은 깔끔한 단발 헤어스타일을 유지하며, 효율성과 실용성을 강조하는 패션을 선호한다. 공식적 자리에서는 주로 블루·블랙·네이비·그레이 등 재킷을 착용하고, 단순한 티셔츠와 매치해 신뢰감을 준다. 이는 더불어민주당의 상징 색인 파란색을 포함해 불필요한 장식 없이 명료하고 실용적인 스타일을 통해 정치인으로서 이미지를 강화하는 데 중점을 둔다. 또한 파란색이나 노란색 스카프를 상황에 따라 활용해 포인트를 주기도 한다.

블루와 블랙 등을 주로 착용하며 실용적인 패션을 선보이는 고민정 최고위원.

비공식적 자리에서는 보다 자연스럽고 편안한 스타일을 선호하며, 운동화를 자주 착용해 현장에서 발로 뛰는 정치인의 이미지를 강화한다. 이는 국민과의 거리감을 좁히고 대중과의 친밀감을 높이는 데 기여한다. 고민정 최고위원의 패션 선택은 그의 정치적 메시지를 효과적으로 전달하며, 인간적 면모를 드러내는 데 중요한 역할을 한다고 분석된다.

고민정 최고위원의 패션 스타일은 여러 사례를 통해 구체적으로 확인할 수 있다. 예를 들어 2022년 휠체어 챌린지에 참여하며 편안한 차림으로 현장 활동을 보여주었는데, 이는 그의 친근하고 인간적 이미지를 강화하는 데 큰 역할을 했다. 또한 공식적 자리에서는 파란색 재킷에 단순한 티셔츠를 매치해 깔끔하고 세련된 이미지를 강조한다.

상황에 따라 파란색이나 노란색 스카프를 활용해 포인트를 주기도 하지만 전반적으로는 수수한 스타일을 유지한다. 이를 종합하면 고민정 최고위원의 패션 스타일은 명료하고 실용성 높은 무채색 재킷과 단순한 티셔츠를 통해 신뢰성과 효율성을 강조하며, 비공식적 자리에서는 편안한 스타일을 통해 대중과의 친밀감을 높인다.

케네디 가문 배경 강조하는 클래식 옷차림, 로버트 F. 케네디 주니어

2024년 8월, 로버트 F. 케네디 주니어(Robert F. Kennedy Jr.)가 대선 후보에서 사퇴했다. 그는 대선에서의 영향력을 유지하기 위해 다양한 선택지를 모색 중 트럼프 지지를 선언했다. 트럼프가 미국 대통령에 당선됨에 따라 케네디 주니어의 행보에도 관심이 쏠리고 있다. 지금으로선 보건부 장관 에너지부 장관 등을 맡을 것으로 예상된다.

케네디 주니어는 변호사이자 정치인으로, 존 F. 케네디 전 대통령과 에드워드 케네디 상원의원의 조카이자 로버트 F. 케네디 전 법무장관의 아들이다. 로버트 F. 케네디 주니어의 패션 스타일은 클래식하고 전통적인 요소가 두드러지는데, 주로 다크 블루나 그레이 톤의 맞춤형 슈트를 선호하며, 좁은 넥타이를 매치해 클래식한 이미지를 연출한다. 이 스타일은 그의 성격과 정치적 신념을 반영하며, 특히 케네디 전 대통령을 연상시키는 효과가 있다. 그의 옷차림은 정치인의 전통적 이미지와 부합하며, 공적 활동에서 전략적으로 사용된다.

로버트 F. 케네디 주니어는 다크 블루나 네이비 톤의 정장으로 클래식함을 강조한다.

캐주얼한 자리에서는 폴로셔츠나 버튼다운 셔츠에 청바지나 면바지를 착용하는데, 그의 환경 운동가로서 활동과도 잘 어울린다. 아웃도어 재킷 같은 실용적 옷을 자주 입으며 자연보호에 대한 열정을 나타낸다.

케네디 가문은 공적 이미지와 품위를 중시해왔으며, 로버트 F. 케네디 주니어의 스타일 역시 이러한 전통을 반영한다. 그의 옷차림은 정돈된 느낌을 주며, 공적 이미지와 일치한다.

시대 흐름을 반영하는 패션의 기호학

한때 정치인들이 무조건 딱 떨어지는 정장과 단정한 넥타이로만 무장했다면, 요즘은 조금 다른 모습이다. 세미 정장이나 캐주얼한 옷차림이 유권자에게 더 친근하게 다가가기 때문이다. 여기서 흥미로운 점은 이런 패션 선택이 단순히 '어떻게 보일까?'라는 고민을 넘어 전략적 기호로 작용한다는 사실이다.

기호학에서 말하는 '기표'와 '기의' 개념을 생각해보자. 기표는 외적으로 보이는 겉모습이고, 기의는 그 안에 담긴 의미다. 패션에서는 특정한 옷이나 스타일이 기표가 된다. 예를 들어 정치인이 검정 정장을 입는다면 권위나 엄격함을 떠올리게 된다. 여기서 검정 정장은 기표, 그 정장이 주는 권위의 느낌은 기의가 되는 셈이다.

"옷으로 어떤 메시지를 전달할 것인가"

최근 트렌드에 따르면, 정치인은 너무 딱딱한 이미지보다는 유연하고 인간적 이미지를 전달하려고 한다. 예를 들어 캐주얼한 재킷을 입고 편안한 셔츠를 매치한 스타일이 자주 보인다. 이렇게 조금은 가벼워 보이는 패션이 기호학적으로 전달하는 메시지는 '나도 당신들과 다르지 않다'라는 일종의 동질감을 표현한다. 특히 블루 컬러는 신뢰와 미래지향적 이미지를 전달해 유권자에게 긍정적 인상을 준다.

이렇듯 패션은 그 시대의 흐름을 반영하며, 정치인에게도 전략적 도구가 된다. 단순히 옷을 고르는 것이 아니라 그 옷이 어떤 메시지를 전달할 것인지 세심하게 계산해야 하는 것이다. 예를 들어 블루 계열의 의상이 젊음과 미래를 상징한다면 그 메시지에 부합하는 정책을 함께 강조하는 것이 효과적이다. 자신의 위치와 대중이 기대하는 이미지를 잘 이해하고 그에 맞는 패션을 선택하는 것이 핵심이다.

결국 패션은 단순히 멋을 내는 수단이 아니라 시대와 소통하는 기호다. 그리고 이 기호를 잘 활용하는 정치인이 더 많은 유권자와 공감대를 형성할 수 있다. 패션을 통해 자신이 전하고자 하는 정책 메시지와 유권자가 원하는 이미지를 정확히 맞춘다면 그 정치인은 말 그대로 눈에 보이는 메시지를 잘 전달하고 있는 셈이다.

호감도 높이는 정치인의 옷차림 사례, 빨간 운동화 효과

하버드 대학교의 프란체스카 지노(Francesca Gino) 교수가 발표한 '빨간 운동화 효과(red sneaker effect)' 연구는 우리가 사회적 지위와 규범에 대해 얼마나 미묘하게 반응하는지를 잘 보여준다. 이 연구는 옷차림이 단순히 겉모습을 꾸미는 것이 아니라, 누군가의 지위와 능력을 평가하는 중요한 신호로 작용한다는 것을 밝혀냈다.

예를 들어 보통 사람들은 고급 백화점에 갈 때 정장을 입고 롤렉스 같은 비싼 시계를 찬다. 그런데 연구에 따르면 운동복에 저렴한 스와치 시계를 찬 사람이 오히려 더 유명하고 돈 많은 사람으로 평가받는 경우가 있었다. 이게 바로 빨간 운동화 효과의 핵심이다. 고위직이나 이미 권위가 있는 사람은 전통적 규범을 일부러 어길 때 더욱 독창적이고 자신감 있는 사람으로 보이면서 높은 평가를 받는다는 것이다.

이 효과는 대학교수들의 옷차림에서도 흥미롭게 드러났다. 저명한 교수들 사이에서는 티셔츠를 입고 수염을 기른 교수가 더 높은 평가를 받았지만,

신임 교수들 사이에서는 정장에 외모가 깔끔한 교수가 더 신뢰받았다. 즉, 권위 있는 인물일수록 규범을 어겨도 '저 사람은 자신감이 넘치고 특별해'라는 평가를 받는 반면, 아직 지위가 확립되지 않은 사람은 규범을 지킬 때 더 유능하고 믿음직스럽다고 인식한다는 이야기다.

또 하나 흥미로운 실험은 드레스 코드가 검정 나비넥타이인 파티에서 빨간 나비넥타이를 매고 나타난 사람이 더 높은 평가를 받았다는 점이다. 물론 이게 단순한 실수였다면 오히려 전통적인 검정 넥타이가 더 나은 평가를 받았겠지만, 의도적인 비순응은 오히려 사람들에게 특별함으로 다가왔다.

이 연구를 정치인의 옷차림 전략으로 연결해보면 교훈을 얻을 수 있다. 예를 들어 고위직 정치인은 중요한 자리에서 세미 정장이나 캐주얼한 옷을 선택함으로써 독창적이고 자신감 있는 이미지를 줄 수 있다. 회의나 행사에서 딱딱한 정장 대신 평소보다 좀 더 자유로운 스타일을 연출하면 '저 사람은 자신감이 넘쳐서 규범에 얽매이지 않는다'라고 느끼게 된다.

반면, 신입 정치인이라면 전통적 복장을 유지하는 것이 좋다. 깔끔하게 정돈한 수염과 정장, 넥타이는 신뢰성과 능력을 강조할 수 있다. 아직 지위를 확립하지 않은 상태에서는 규범을 따르는 것이 더 효과적이라는 얘기다.

결국 중요한 것은 자신의 위치와 전달하고자 하는 메시지를 정확히 파악하는 것이다. 고위직일수록 규범을 어기면서도 특별함을 보여줄 수 있지만, 대중이 받아들일 수 있는 범위 내에서 조심스럽게 접근해야 한다. 그만큼 패션은 단순한 스타일이 아니라, 전략적 커뮤니케이션 수단이 된다. 옷차림 하나로 지위와 이미지를 어떻게 효과적으로 표현할지 고민하는 것이 중요하다는 사실 바로 이 점이 빨간 운동화 효과가 주는 가장 큰 교훈이다.

Style Statements

정치인의 패션 전략
메시지와 위치를 고려한 옷차림의 힘

선거 시즌이 한창인 가운데 A 씨와 B 씨라는 2명의 정치인이 유권자들 앞에 나섰다. 두 사람 모두 옷차림을 통해 유권자에게 좋은 인상을 남기고자 했지만, 그들의 전략은 서로 달랐다. 이 차이는 단순히 스타일 선택의 문제가 아니라, 자신이 전달하고자 하는 정책 메시지와 대중이 인식하는 자신의 위치를 어떻게 객관적으로 파악했느냐에 달려 있었다.

먼저 A 씨는 정치 경력이 오래된 인물로, 이미 높은 지위에 있다. 그는 유권자에게 친근하면서도 미래지향적 이미지를 전달하고 싶었다. 이를 위해 전통적인 짙은 색 정장 대신 밝은 블루 색상의 세미 정장을 선택했다. 밝은 블루는 젊음과 신뢰를 상징하며, 세미 정장은 딱딱함보다는 편안함과 유연성을 강조한다. A 씨는 이 옷을 통해 '나는 유연한 리더이며, 변화에 앞장선다'는 메시지를 전하고자 했다. 그의 이러한 패션 선택은 장소와 대중의 성향뿐 아니라 자신의 위치를 객관적으로 분석한 결과였다. 그는 이미 신뢰를 얻은 상황에서 친근함과 독창성을 더 강조하는 것이 필요하다고 판단했다.

반면, B 씨는 경력이 짧고 신입 정치인으로, 아직 대중에게 자신을 증명해야 하는 위치에 있다. 그래서 B 씨는 대중이 자신에게 기대하는 이미지를 충족시키기 위해 전통적인 짙은 색 정장과 넥타이를 고수했다. 깔끔하고 단정한 옷차림은 그의 신뢰성과 능력을 돋보이게 했다. B 씨는 '나는 규범을 잘 지키고, 신뢰할 수 있는 사람'이라는 메시지를 전달하려 했다. 특히 대중이 자신을 아직 신뢰할 준비가 되지 않은 상황에서 규범을 준수하는 것이 더 효과적이라는 점을 인식하고 있었다.

며칠 후 두 사람은 또 다른 중요한 행사에 참석했다. A 씨는 이때 상황과 장소를 고려해 과감하게 캐주얼한 옷차림을 선택했다. 다른 정치인들이 정장을 입은 자리에서 A 씨는 밝은 색상의 재킷과 편안한 바지를 입고 나타났다. 대중은 이를 독창적이고 자신감 있는 선택으로 평가하며, 이미 신뢰를 얻은 A 씨의 위치를 더 강화해주는 결과를 낳았다. 이처럼 A 씨는 자신의 지위와 대중의 기대를 객관적으로 분석해 규범을 어기면서도 긍정적 인상을 남길 수 있었다.

반면, B 씨는 이 행사에서도 전통적 정장을 유지했다. 아직 대중의 신뢰를 얻어야 하는 위치에 있는 그는 중요한 자리에서 규범을 지키는 것이 오히려 신뢰를 쌓는 데 도움이 된다고 판단했다. 대중이 그에게 기대하는 이미지를 정확히 파악한 그는 정석을 따르는 옷차림으로 신뢰감을 더욱 강화했다.

이처럼 패션 선택에서 가장 중요한 것은 자신이 전달하고자 하는 정책 메시지와 대중이 인지하는 자신의 위치를 객관적으로 이해하는 것이다. A 씨와 B 씨는 각각 자신의 상황에 맞게 패션을 전략적으로 선택해 유권자에게 긍정적 인상을 남겼다. A 씨는 높은 지위에서 규범을 살짝 벗어나 독창성을 드러냈고, B 씨는 신뢰를 쌓기 위해 규범을 따르는 전략을 취했다.

결국 정치인의 패션은 단순한 외모 문제가 아니라 상황과 대중의 특성, 그리고 자신이 전달하고자 하는 메시지를 정확히 파악한 뒤에 결정해야 한다. 자신이 어떤 위치에 있는지, 그 위치에서 어떤 이미지를 강조해야 할지에 대한 명확한 분석이 전제될 때 패션은 강력한 메시지 전달 도구로 작용할 수 있다.

빨간 운동화 효과를 증명하는 정치인의 대표적 사례 중 하나는 버락 오바마다. 오바마는 공적인 자리에서 전통적 정치인의 이미지에서 벗어나 친근함과 유연함을 전달하기 위해, 때로는 캐주얼한 복장을 선택하곤 했다. 특히 캠페인 기간 동안 자주 착용했던 '롤업한 셔츠 소매' 스타일은 그를 젊고 활기차며, 대중과 가까운 인물로 각인시키는 데 큰 역할을 했다. 정장 대신 셔츠를 소매까지 걷어붙인 그의 스타일은 정치인들에게 기대되는 전통적이고 격식을 갖춘 이미지에서 벗어나면서도 그를 더욱 인간적이고 개방적인 리더로 표현하는 데 효과적이었다.

GLOBAL LEADER

대세를 바꾸는
리더의 파워 드레싱

대세의 흐름을 바꾸는
글로벌 리더의 옷차림

118 패션 혁신: 아이코닉한 글로벌 리더의 옷차림
134 유행 창조: 패션으로 대중을 유혹하는 리더
140 파워 드레싱 FASHION 법칙

패션 혁신:
아이코닉한 글로벌 리더의 옷차림

등장하는 인물

젠슨 황 엔비디아 CEO   마크 저커버그 메타 CEO   스티브 잡스 애플 창업자

일론 머스크 테슬라 CEO   제프 베이조스 아마존 의장   악셀 뒤마 에르메스 CEO   메리 배라 제너럴 모터스 CEO

이재용 삼성전자 회장   구광모 LG그룹 회장   정의선 현대자동차그룹 회장   정용진 신세계그룹 회장

최수연 네이버 대표이사   정신아 카카오 대표이사

강인함과 혁신성을 대변하는 리더의 패션

정치인뿐 아니라 글로벌 리더의 패션은 그들의 이미지와 리더십을 표현하는 데 중요한 요소로 자리 잡고 있다. 예를 들어 마크 저커버그(Mark Zuckerberg), 젠슨 황(Jensen Huang), 일론 머스크(Elon Musk) 같은 테크 리더들은 자신만의 독특한 패션 스타일을 통해 단순한 의사 결정자 이상의 메시지를 전달한다.

마크 저커버그는 한때 회색 티셔츠와 후드티로 대표되던 단순한 스타일을 고수했지만 최근에는 패션에 대한 관심이 급격히 높아졌다. 저커버그는 2024년 3월, 인도에서 열린 암바니(Ambani) 가문 결혼식에 참석하며 고급 브랜드 알렉산더 맥퀸의 블랙 의상을 입는 등 과거와는 다른 럭셔리한 스타일을 선보였다. 또한 그가 젠슨 황과의 만남에서 젠슨의 상징적인 가죽 재킷을 입고 자신이 아시아 여행에서 입었던 코트를 교환한 것은 패션을 통한 개인 브랜드를 강화하는 일환으로 볼 수 있다.

젠슨 황 역시 블랙 가죽 재킷으로 상징되는 패션 아이템을 통해 자신의 이미지를 강화하고 있다. 이는 그가 인공지능(AI)과 그래픽 기술 분야에서 혁신을 상징적으로 표현하는 역할을 하며, 그가 추구하는 강인함과 혁신성을 패션을 통해 보여주는 사례다.

이와 같은 리더들의 패션 선택은 단순한 옷차림 이상으로 그들이 전달하고자 하는 메시지를 직관적으로 나타내는 수단이다. 최근 트렌드는 단순함과 효율성을 강조하면서도 이를 통해 그들의 기업과 기술의 혁신성을 상징적으로 표현하는 방향으로 나아가고 있다. 이러한 패션 혁신은 그들의 리더십을 한층 강화하고, 대중에게 더욱 강력한 인상을 남기는 데 중요한 역할을 한다고 볼 수 있다.

대중의 상상력을 자극하는 가죽 재킷 패션, 엔비디아 CEO 젠슨 황

젠슨 황 엔비디아 창립자 겸 CEO가 GTC(GPU Technology Conference) 간담회에서 "삼성의 HBM을 테스트하고 있으며 큰 기대를 갖고 있다"는 말 한마디에 삼성전자 주식이 5% 이상 반등했다고 전해진다. 이처럼 반도체 산업과 AI 분야에서의 영향력이 막강해진 젠슨 황의 트레이드마크는 검은색 가죽 재킷이다. 엔비디아의 GTC 2024 무대에 오른손을 번쩍 올리며 여유 있는 표정으로 나타난 젠슨 황은 약 1200만 원짜리 검은색 가죽 재킷을 입고 "여기는 콘서트장이 아니라 개발자들을 위한 행사예요"라는 농담으로

트레이드마크인 가죽 재킷을 입은 젠슨 황.

젠슨 황이 즐겨 입는다고 알려진 톰 포드의 가죽 재킷. 가격은 1200만 원 선이다.

연설을 시작했다.

젠슨 황의 대변인은 〈뉴욕 타임스〉와의 인터뷰에서 '최소 20년 동안 가죽 재킷을 입었다'고 밝힌 바 있다. AI 분야의 혁신을 주도하고 있는 그는 2021년 '올해의 남성' 중 한 명으로 〈타임〉 표지에 등장했을 때도 ※블랙 가죽 재킷 패션을 선보였다.

자신을 '가죽 재킷을 입은 남자(the guy in the leather jacket)'라고 소개한 바 있는 그의 패션을 분석한 〈뉴욕 타임스〉는 '항상 똑같아 보이는 젠슨 황의 패션은 세상을 바꾸는 성공 기업의 간판 이미지로 대중의 상상력을 자극하기에 충분하다'고 평가했다. 그는 2021년 〈타임〉 표지에도 등장하면서 전 세계적으로 관심을 받았다. 보수적 기업 총수보다 개방적 리더 모습을 보이고자 하는 것으로 분석된다.

─── 트레이드마크가 된 블랙 가죽 재킷

애플의 스티브 잡스와 메타의 마크 저커버그 그리고 엔비디아 젠슨 황의 공통점은 무엇일까? 바로 일관된 자신만의 시그너처 패션 스타일로 명확한 정체성을 확립했다는 점이다. 블랙 터틀넥의 스티브 잡스, 그레이 티셔츠의 마크 저커버그처럼 블랙 가죽 재킷 하면 젠슨 황이 떠오르기 때문이다. 이들 모두 동일한 스타일을 고수하는 이유가 입을 옷을 고르는 데 쏟는 에너지를 제품 및 서비스 개발에 쏟고 싶다고 말한 바 있지만 더 큰 이유가 있다고 분석된다.

CEO의 일관된 스타일은 회사의 브랜드 이미지와 직결되기에 그들의 단순하고 현대적 이미지는 고객에게 회사 가치 및 방향성을 상징적으로 전달하면서 강력한 이미지 브랜딩을 구축해 인지도를 높였다. '비즈니스 인사이더'의 분석에 따르면 젠슨 황은 2017년 이후 최소 총 여섯 가지 스타일의 가죽 재킷을 선보여왔다. 대표적 스타일로는 오버사이즈 컬러, 포켓이 달린 모던한 스타일, 모터사이클 스타일 등이지만 공통적 색상은 블랙이다.

일각에서는 '가죽 재킷은 창의적이고, 원하는 것은 무엇이든 입을 수 있는 높은 지위의 사람이라는 신호'라고 평가하기도 한다. 엔비디아 주가가 처음으로 100달러를 넘었을 당시 왼쪽 팔뚝에 새긴 회사 로고 문신을 보면 그의 열정이 전해진다.

2021년을 기준으로 백발이 되어 나이 들어 보일 수 있는 외적 이미지를 역동적이고 개방적 느낌을 주는 검정 가죽 재킷으로 보완하면서 경륜 있는 창의적인 CEO 이미지 브랜딩을 하고 있다고 분석된다.

시끄러운 럭셔리로 일탈한 억만장자의 패션 철학,
메타 CEO 마크 저커버그

시가총액 1조 달러의 미국 메타의 최고경영자(CEO)인 마크 저커버그가 2024년 3월, 우리나라를 10년 만에 다시 방문했다. 윤석열 대통령 및 삼성전자 이재용 회장과 LG전자 경영진을 만나 AI 기술 분야 협력 관련 논의를 했다고 전해지면서 향후 어떤 성과를 도출할지 기대가 모아지고 있다.

저커버그가 인스타그램에 올린 AI 비서 기능 시연 영상을 보면서 이미지 컨설턴트의 역량이 위태로워짐을 느낀 적이 있다. 저커버그가 멀티모달 AI 비서 기능이 탑재된 스마트 안경을 쓰고 "내가 들고 있는 셔츠와 어울리는 바지를 추천해달라"고 요청하자 AI는 셔츠의 특징에 대해 설명하고 어울리는 바지 몇 가지를 제시했다.

2024년 2월 기준 미국 경제 전문지 〈포브스〉에 따르면 그의 자산 가치는 1704억 달러로 세계 네 번째 억만장자에 이름을 올렸다. 가장 대중적이고 진보된 AI 제품과 서비스를 구축하겠다는 비전을 갖고 있다고 전해진다.

──'시끄러운 럭셔리' 호랑이 무늬 셔츠 입은 저커버그

저커버그는 우리나라에 입국한 당시에 착용한 브랜드 로고가 없는 갈색 무스탕 차림으로 기업 경영진들과 만남을 이어갔다. 윤 대통령과의 접견에서는 다크 네이비 슈트에 화이트 셔츠와 푸른 넥타이 정장 차림으로 정중함을 표현했다고 분석된다. 저커버그는 자신의 인스타그램을 통해 아시아 최고 부자 중 한 명인 무케시 암바니(Mukesh Ambani)의 아들인 아난트(Anant)의 결혼식 축하 행사에서 호랑이 패턴 셔츠부터 자연을 테마로 디자인한 화려한 의상을 입은 사진을 공개했다.

아난트 암바니의 결혼식에서 화려한 의상을 선보인 마크 저커버그.

그의 화려한 패션 변신은 '조용한 럭셔리'의 반대 개념인 관심을 끌기 위한 부의 대담한 상징 '시끄러운 럭셔리'로 표현되며 대중의 관심을 사로잡았다. 비공개지만 약 7000달러(약 931만 원)로 예측된다는 보도가 적지 않은데, 그의 패션 선택은 행사 주최 측의 드레스 코드에 의한 것으로 해석된다. 영국의 〈더 타임〉에 따르면 드레스 코드에 동물 구조 센터 방문을 위한 '정글 열풍' 테마와 인도 의상 등이 포함되어 있었다고 전해진다.

최근 중국 모델이 우리나라 한복을 입고 '조선족의 전통 의상'이라고 우기는 영상이 논란이 되고 있는 가운데, 저커버그가 우리나라 한복을 입고 SNS에 '대한민국의 전통 의상인 한복을 직접 입어보니 더 아름다워요!'라고 업로드하면 어떨지 상상해본다.

단벌 회색 티셔츠로 '지루한 럭셔리' 고수하던 저커버그의 패션 철학

의복을 시간, 장소, 상황에 어울리게 착용하는 TPO 패션은 인간관계는 물론 사업의 성패에도 큰 영향을 미친다. 기업 최고경영자 등 리더의 경우에는 그 중요성이 더욱 큰데 패션을 통해 기업 가치관이나 전략까지 엿볼 수 있기 때문에 패션은 강력한 전략 요소가 된다. 스티브 잡스의 시그너처 스타일에서 영감을 받았다는 저커버그는 회색 티셔츠와 청바지에 후드 집업이 트레이드마크라고 할 수 있다.

본인은 늘 같은 옷을 입는 이유에 대해 '일상생활의 에너지를 아껴 자신이 정말 해야 하는 중요한 일에 집중하기 위해서'라고 설명한 바 있다. 저커버그의 편안한 옷차림은 브랜드의 창의적 분위기를 대변한다는 평가가 많다. 2013년 6월 방한 때는 후드티에 청바지 패션을 통해 수수한 모습을 보였으며, 2016년 페이스북에 동일한 디자인의 회색 면 티셔츠가 여러 벌 걸린 옷장을 소개한 적이 있었다.

평범해 보이는 티셔츠지만 최고급 면으로 만든 고가 브랜드의 맞춤옷으로 알려져 있다. 그는 미국 NBC '투데이쇼' 인터뷰에서 '나는 매일 똑같은 옷을 입는다. 옷장에는 그레이 티셔츠만 20벌 정도 있다'고 밝힌 바 있다. 지나치게 소탈한 그의 차림이 투자자의 신뢰를 얻기에는 역부족이라는 평가도 있었지만, 창업 전에 입던 패션 스타일을 CEO로 성공한 이후에도 유지하면서 '지루한 럭셔리' 스타일은 그를 상징하는 하나의 패션 장르가 되었다고 분석된다.

스티브 잡스의 아이코닉한 옷차림, 혁신적 리더의 스타일 분석

스티브 잡스(Steve Jobs)는 애플의 공동 창립자이자, 세계적 혁신가로 널리 알려져 있다. 그의 기술적 비전과 경영 철학만큼이나 그의 옷차림도 많은 사람에게 깊은 인상을 남겼다.

그는 자신만의 독특한 스타일로 패션 혁신을 이끌었으며, 그의 간결하면서도 강렬한 옷차림은 오늘날까지도 많은 사람에게 영감을 준다.

스티브 잡스의 옷차림에서 가장 두드러진 특징은 검은색 터틀넥 스웨터다. 그는 이세이 미야케의 디자인을 선호했으며, 이를 거의 매일 착용했다. 잡스는 한 인터뷰에서 '매일 아침 옷을 고르는 시간을 줄이기 위해' 같은 옷을 여러 벌 구비해두고 있다고 밝혔다. 검은색 터틀넥과 함께 잡스는 주로 리바이스 501 청바지를 입었다. 이 청바지는 그의 터틀넥과 완벽하게 어우러지며, 그의 캐주얼하면서도 세련된 이미지를 더욱 돋보이게 했다. 잡스의 룩을 완성한 또 다른 아이템은 뉴발란스 991 운동화였다. 이 신발은 그의 전체 스타일

지금까지도 전설적인 프레젠테이션으로 손꼽히는 스티브 잡스의 아이폰 발표회.

을 완성해주는 요소로, 실용적이면서도 편안한 디자인이 특징이다.

잡스의 옷차림은 그의 미니멀리즘 철학을 반영한다. 그는 '복잡함 속에서 단순함을 찾는 것이 진정한 혁신이다'라고 주장하는데, 이는 그의 패션 스타일에도 그대로 적용되었다. 불필요한 장식을 배제하고, 단순하면서도 기능적인 옷을 선호했다. 스티브 잡스는 일관된 옷차림을 통해 자신의 브랜드를 구축했다. 그는 공식적 자리에서도 자신의 시그너처 룩을 고수했는데 이는 그의 개인적 스타일과 애플 브랜드의 정체성을 강화하는 데 기여했다.

잡스의 옷차림은 실리콘밸리의 기업가에게 큰 영향을 미쳤다. 많은 테크 리더가 그의 스타일을 모방하면서 실리콘밸리의 비즈니스 패션 트렌드로 자리 잡았다. 그의 일관된 옷차림은 애플의 브랜드 이미지와도 밀접한 관련이 있다. 간결하고 세련된 스타일은 애플 제품의 디자인 철학과도 일치하며, 애플 브랜드의 정체성을 강화하는 데 중요한 역할을 했다.

스티브 잡스의 옷차림은 단순한 패션을 넘어 그의 철학과 삶의 방식을 반영하는 중요한 요소였다. 검은색 터틀넥, 리바이스 청바지, 뉴발란스 운동화는 그의 혁신적 사고와 일관된 브랜드 이미지를 상징하며 오늘날까지도 많은 사람에게 영감을 주고 있다. 잡스의 패션은 그가 남긴 혁신적 유산의 일부로 앞으로도 오래도록 기억될 것이다.

비전과 미션에 중점을 둔 패션 전략, 테슬라 CEO 일론 머스크

일론 머스크의 패션 스타일은 그의 사고 스케일과 일맥상통하는 독특한 전략이 숨어 있다. 주로 핏이 자연스러운 무채색 고급 소재의 테일러드 재킷을 착용해 품격을 더하고, 티셔츠와 청바지를 통해 실용적이면서도 혁신적인 이미지를 브랜딩한다. 예를 들어 테슬라 모델 3 및 테슬라 모델 X 등의 신차 발표회 무대에서 머스크는 실크나 벨벳 등 일부 소재를 독특한 재킷 디자인에 활용하며, 비즈니스 캐주얼을 자신만의 에지 있는 머스크 스타일로 재창조하는 센스를 보여주었다.

무채색에 고급스러운 재킷을 착용하는 일론 머스크.

또한 공식적 자리에서는 깔끔한 정장이나 정돈된 캐주얼 룩을 선호하며, 검은색 티셔츠와 블레이저 조합을 자주 선보인다. 이는 실리콘밸리 스타일의 대표적 예로 간결하면서도 세련된 느낌을 준다. 머스크는 특별한 행사에서는 클래식한 검은색 턱시도를 입어 많은 이의 주목을 받기도 했다. 또 상황에 따라 지역 문화를 반영한 옷을 입는다. 예를 들어 2024년 발리에서 스타링크 위성 인터넷 서비스를 출시할 때는 인도네시아 전통 의상인 바틱 셔츠를 입어 현지 문화를 존중하고, 포용하려는 태도를 잘 보여주었다.

일론 머스크의 패션 전략은 퍼스널 이미지 브랜딩 차원에서 테슬라의 차별화한 기술과 비전을 강조하는 기업 이미지와 일체화된다. 사람들은 머스크의 이미지를 통해 테슬라를 인지하고 판단하기 때문에 그의 옷차림은 단순한 패션을 넘어 브랜드의 정체성과 일치하는 중요한 요소로 작용한다.

단정한 패션에서 자신감 넘치는 스타일로 변화, 아마존 창업자 제프 베이조스

제프 베이조스(Jeff Bezos)의 패션 스타일은 삶과 함께 크게 변화해왔다. 블룸버그 부자 순위에서 2위를 차지한 베이조스는 한 인터뷰에서 '매일 밤 설거지를 하며 이를 가장 섹시한 일로 자부한다'고 밝힌 바 있다. 2024년 2월, 아마존 주식을 40억 달러어치 매각했는데, 이는 블루 오리진과 개인 생활에 자금을 할당하기 위한 것으로 알려졌다. 아마존은 엔트로픽과 손잡고 AI를 모든 조직에 접목하겠다고 발표했는데, 이는 아마존 창사 이래 처음으로 이뤄지는 대규모 외부 투자로 AI를 중심으로 한 빅테크 간의 경쟁이 치열해지고 있음을 알 수 있다.

베이조스의 패션 스타일은 과거 단정한 비즈니스 캐주얼에서 화려하고 자신감 넘치는 스타일로 변화했다. 2024년 멧 갈라에서는 클래식한 검은색 턱시도와 보타이를 매치해 세련된 이미지를 강조했다. 2024년 코첼라 뮤직 페스티벌에서 베이조스는 흰색 티셔츠와 청바지에 청재킷을 입었다. 2023년 코첼라에서는 하늘색 긴소매 버튼업 셔츠와 타이트한 스키니 진, 화이트 스니커즈 차림이었다.

이러한 변화는 베이조스가 역동적이고 활력 있는 라이프스타일을 추구함을 보여주는 동시에 퍼스널 브랜딩 전략의 일환으로 사람들에게 아마존의 기술적 비전과 차별화된 이미지를 심어주는 데 중요한 역할을 한다. 그의 패션 전략은 아마존의 혁신성과 일치하며 자신의 이미지를 통해 아마존의 브랜드 가치를 전달하려는 노력이 엿보인다.

역동적이고 활력 있는 스타일을 추구하는 제프 베이조스.

에르메스의 품격과 전통을 강화하는 리더의 패션 스타일, 에르메스 CEO 악셀 뒤마

악셀 뒤마(Axel Dumas) 회장은 세련되고 품격 있는 정장 패션을 자주 선보이는 것으로 알려져 있다. 2024년 6월 프랑스 파리 엘리제궁에서 조 바이든 미국 대통령의 방문을 위한 공식 국빈 만찬에 참석한 뒤마 회장의 사진을 보면 밝은 네이비블루 더블브레스트 슈트를 착용했다.

슈트 소매에서 깔끔하게 보이는 드레스셔츠의 소매와 같은 푸른 계열의 넥타이 매치가 은은하면서도 에르메스의 품격을 느끼게 한다. 이마를 훤히 드러내면서 앞머리를 자연스럽게 뒤로 넘긴 헤어스타일과 편안한 미소를 띠는 표정은 여유로운 리더로서 안정감을 자아낸다.

평상시에도 클래식하고 우아한 스타일의 정장을 입고, 상황에 따라 짙은 색상이나 네이비블루 맞춤형 슈트를 적재적소에 착용한다. 사이즈가 잘 맞는 화이트 셔츠와 톤온톤 색상의 실크 넥타이를 매치해 고급스러움을 강조한다. 또한 에르메스 브랜드의 상징인 스카프나 타이를 활용해 패션에 에지를 더하기도 한다. 뒤마의 패션 스타일은 브랜드 철학과 일치하며, 품격과 전통을 중시하는 에르메스의 이미지를 강화한다고 분석된다.

클래식하고 우아한 스타일을 선보이는 악셀 뒤마.

블랙 가죽 재킷으로 자동차 업계의 강인함을 보여준 제너럴 모터스 CEO 메리 배라

제너럴 모터스의 CEO 메리 배라(Mary Barra)는 〈포천〉에서 선정한 '2024년 비즈니스 분야에서 가장 영향력 있는 여성' 1위에 이름을 올렸다. 메리 배라는 자동차 산업에서 뛰어난 리더십을 보여주고 있을 뿐 아니라, 그의 패션 센스 역시 주목받고 있다. 2024년 〈포천〉과의 인터뷰에서 그가 입은 블랙 가죽 재킷은 메리 배라가 어떻게 자신의 역할과 패션을 연결 지어 표현하는지를 보여준다. 블랙 가죽 재킷은 강인함과 세련됨을 동시에 상징한다. 이는 메리 배라가 제너럴 모터스의 CEO로서 겪은 도전들, 특히 수백만 대의 차량 리콜과 같은 위기관리에서부터 전기차 혁명을 선도하는 전략적 결정까지 맥을 같이 한다.

블랙은 힘을 나타내는 색상으로, 결정적 순간에 리더로서의 확고함과 단호함을 상징적으로 표현한다. 가죽 자체가 주는 내구성과 탄력성은 자동차 산업에서의 그의 롱런을 상징적으로 드러내는 듯하다. 디자인 면에서 가죽 재킷은 전통적으로 남성적 옷으로 간주되어왔지만, 메리 배라는 이를 통해 자동차 산업이라는 남성 중심의 분야에서 여성으로서 자신의 위치를 당당하게 표현하고 있다. 그의 재킷은 단순한 패션 아이템을 넘어 그가 이 분야에서 얼마나 중요한 역할을 하는지를 강조하며, 여성이라는 정체성을 자신감 있게 드러내는 수단이 된다.

더불어 이 가죽 재킷은 그가 추구하는 '사고 제로, 탄소 배출 제로, 혼잡 제로'라는 비전과도 연결된다. 강인하고 지속 가능한 이미지는 제너럴 모터스가 전기차와 자율주행차 개발을 통해 추구하는 미래지향적이고 환경친화적

블랙 가죽을 애용함으로 강인함과 세련됨을 동시에 보여주는 메리 배라.

인 목표를 반영한다. 패션을 통해 바라는 자신의 경영 철학과 회사의 미래 비전을 자연스럽게 표현하고 있다. 그의 모습은 단순한 옷차림을 넘어 제너럴 모터스의 재정적 성공과 문화적 변화를 이끌고 있는 한 여성의 강인함과 섬세함을 동시에 드러낸다고 할 수 있다. 이는 메리 배라가 어떻게 자신의 개인적 스타일을 통해 강력한 리더십 메시지를 전달하고 있는지를 잘 보여주는 예이다. 패션은 그가 직면한 도전을 어떻게 관리하고, 변화를 모색하며, 자신의 리더십을 구체화하는지를 인간적이고 접근하기 쉬운 방식으로 이야기해 준다.

삼성전자 이재용 회장의 유연한 패션 메시지, '뉴 삼성' 비전 & 유연한 조직 문화 강조

'국민에게 조금이라도 더 신뢰받고 사랑받는 기업을 만들겠다'고 의지를 밝힌 삼성전자 이재용 회장은 새로운 미래를 여는 기업 '뉴 삼성' 전략으로 기술과 인재 제일 철학을 바탕으로 한 '세상에 없는 기술 우위를 위한 과감한 투자'를 선택했다. 글로벌 네트워크를 활용해 세계의 정재계 인사들을 만나 부산 엑스포 유치를 지원하는 것에도 적극적이었던 이재용 회장이 다양한 홍보 활동을 펼치고 있는 가운데 그의 언행이나 패션 등이 이슈가 되고 있다. 엑스포 개최는 다양한 경제적 효과가 있고 국가 브랜드 파워를 높일 뿐 아니라 세계 속의 삼성 이미지를 한층 강화하는 기회인 만큼 총력을 기울이고 있다고 보인다. 이처럼 이 회장이 세계를 누비며 광폭 행진을 하고 있는 가운데 미디어에 노출된 내용을 토대로 패션을 분석해보고자 한다. 기업 이미지를 결정짓는 요소 중 가장 큰 비중을 차지할 뿐 아니라 기업의 브랜드 가치를 좌우하는 것이 바로 최고 리더의 이미지이기 때문이다.

─── 뉴 삼성 비전 & 유연한 조직 문화 강조한 패션

윤석열 대통령의 방미 일정에 맞춰 경제 사절단 역할을 수행한 뒤 미국 실리콘밸리에 있는 삼성전자 북미 반도체연구소에서 일론 머스크 테슬라 CEO와 만난 이재용 회장의 회색 후드티와 청바지 차림의 사진에 대중의 관심이 쏠렸다. 블랙 라운드 티셔츠에 블랙 재킷을 입은 일론 머스크보다 오히려 더 편안해 보이는 캐주얼 복장이었기 때문이다. 그뿐 아니라 가죽 재킷 차림의 젠슨 황 엔비디아 CEO와의 만남에서도 그레이 버튼다운 노타이셔츠로 자연스러움을 강화했다.

공식적 자리에서는 거의 정장을 착용하지만 글로벌 리더와 만나는 자리

일론 머스크를 만난 이재용. 캐주얼한 회색 후드 집업을 착용했다.

나 직원들과 소통하는 비공식적 자리에서는 형식을 파괴한 유연한 패션 스타일을 선보이고 있다. 그 이유는 무엇일까? '뉴 삼성' 비전을 달성하기 위해 유연한 조직 문화의 중요성을 강조하는 데 도움이 되는 메시지이기 때문이라고 분석된다. 그리고 편안한 복장은 더 자유롭게 움직일 수 있어 창의성을 높이는 데 유용하다. 따라서 혁신적 해결책을 찾기 위해 자유로움을 중시하는 경향이 있는 글로벌 리더들과 만나는 자리에서 캐주얼한 옷을 착용한다고 볼 수 있다.

── 귀공자 재벌 룩에서 소탈한 패션으로 대중과 거리 좁히기

베트남 출장 때 정장 위에 덧입은 알파벳 B 이니셜이 적힌 진회색 패딩 베스트도 대중의 관심을 모으며 어떤 브랜드인지 추측이 난무했다. 알고 보니 삼성물산 패션 부문 브랜드 빈폴 제품이었고, 품절 사태를 빚기도 했다. 그뿐 아니라 지난 2019년 서울 수서역에서 마르쿠스 발렌베리(Marcus Wallenberg) 회장과 부산행 SRT 고속열차에 탑승할 때 입은 아크테릭스 레드 패딩은 완판을 기록했다. 2014년 미국에서 열린 앨런앤드코 미디어 콘퍼런스에서는 언더아머 옷을 입었는데, 누리꾼들이 '이재용 운동복'이라 부르기도 했다. 이처럼 패션을 통해 대중과의 거리를 좁히는 데 성공했다고 본다.

삼성물산의 빈폴 조끼를 입은 이재용 회장.

── 차분한 중간 톤의 남청색과 회색이 잘 어울리는 쿨 뮤티드 톤

미디어에 노출된 자료를 토대로 이재용 회장의 퍼스널 컬러를 분석해보면 짙은 눈썹과 명도나 채도가 높지 않은 피부색으로 쿨 뮤티드 톤(cool muted tone)으로 분석된다.

쿨 뮤티드 톤의 퍼스널 컬러는 주로 파스텔컬러와 차분한 중간 톤 색상이 어울리며, 골드나 브라운 같은 따뜻한 색상보다 남청색처럼 차가운 색상이나 원색에 검정 또는 흰색이 많이 포함된 회색과 파스텔 톤의 은은한 색감이 잘 어울린다. 물론 가장 중요한 것은 시간, 장소, 상황에 어울리는 복장이지만 피부와 조화롭게 어우러지며 장점을 부각하는 색상이 더해진다면 이미지를 강화하는 데 효과적일 것이다.

LG 구광모 회장의 본질에 충실한 스타일 혁명, 절제된 세련미와 실용주의의 조화

LG그룹 구광모 회장의 패션 스타일은 단순히 절제된 멋을 넘어 미래지향적 패션을 선도하는 데 중점을 둔다. 그의 스타일은 단순하면서도 세련된 이미지를 유지하며, LG그룹이 추구하는 혁신적 가치를 잘 반영한다. 구 회장은

단순하면서도 세련된 스타일을 선보이는 구광모 회장.

네이비 재킷과 그레이 슬랙스를 매치한 시그너처 스타일을 자주 선보인다. 이는 글로벌 리더들과의 만남이나 사장단 워크숍 등 공식적 자리에서 자주 볼 수 있다. 이와 함께 화이트 드레스셔츠나 칼라 티셔츠를 유연하게 매치하며, 레귤러 칼라보다 각도가 넓은 와이드 스프레드 스타일의 드레스셔츠를 착용해 그룹총수로서 무게감과 품격을 강조한다.

구광모 회장의 패션 철학은 실용주의에 기반을 두고 있는데, 이는 2021년 선언한 '완전 자율복장제'에서도 잘 드러난다. 이를 통해 그는 유연하고 스마트한 근무 환경을 조성하고자 했으며, 직원에게도 긍정적 영향을 미쳤다. 그의 패션 스타일은 특정 브랜드 로고가 드러나지 않도록 신경 쓰는 세심함이 돋보이며, TPO를 고려한 심플함과 편안함을 추구한다. LG트윈스 경기를 관람할 때 입은 유광 재킷 등을 통해 상황에 어울리는 옷차림을 볼 수 있으며, 패션이 단순히 겉모습을 꾸미는 것을 넘어 감정을 표현하고 대중과 소통하는 도구임을 시사한다. 이는 LG그룹의 디자인 철학과도 일치하며, 고객 경험과 감동을 선사하는 모든 과정에서 편리함을 강조하는 방향성과도 맞물린다.

구광모 회장은 패션을 통해 기업 이미지를 일관되게 유지하는데, 이는 혁신을 추구하는 그의 경영 철학과도 연결된다. 그는 젊은 인재를 과감히 전진 배치하며, AI·로봇·전장·전기차 배터리 등 미래 성장 동력을 육성하는 데 집중하고 있다. 이러한 전략적 방향은 그의 패션 스타일에서도 잘 드러나며, 군더더기를 최소화하고 본질에 충실한 선택과 집중의 심플함을 엿볼 수 있다.

가죽 재킷 입은 현대자동차그룹 정의선 회장, '혁신 DNA' 성과와 반전 매력

찰스 3세가 즉위한 후 2023년에 영국 왕실로부터 한국인 최초로 '대영제국 지휘관 훈장(Honorary Commander of the Most Excellent Order of the British Empire, CBE)'을 받고, 2024년 1월에는 CEO 브랜드 평판 1위를 기록하며 공헌과 업적을 인정받은 기업인이 있다. 바로 현대자동차그룹 정의선 회장이다.

CES 2024 현대차 미디어데이 현장을 방문한 정 회장의 브라운 카키 컬러 가죽 재킷 차림이 눈길을 끌었다. 밝은 베이지색 슬랙스에 카키 브라운 운동화를 매치한 드레스 코드를 통해 수소·소프트웨어 중심의 자동차를 비롯해 목적 기반 모빌리티와 미래 항공 모빌리티 기술력, IT 기술에 대한 의지를

CES 2024 당시 정의선 회장은 평소와 달리 갈색 가죽 재킷을 착용했다.

표현했다고 분석된다.

2024년 신년회에 참석해 희망찬 모습으로 활짝 편 양손을 들고 직원들과 함께 기념 촬영한 정 회장은 밝은 미소와 편안한 옷차림이었다. 남청색 재킷에 타이를 매지 않은 하늘색 드레스셔츠와 베이지 슬랙스 그리고 브라운 운동화는 현대자동차그룹의 변화하는 열린 문화를 상징하는 메시지로 해석된다.

각진 헤어라인을 강조하는 짧은 헤어스타일과 라운드 실버 안경테는 역동성과 부드러움의 조화를 균형 있게 연출하고 있다. 무표정일 때 강인해 보이는 정 회장이 특유의 소박한 미소를 지을 때의 반전 매력 효과가 강화되므로 휴머니티를 지향하는 리더로서 TPO에 맞게 얼굴 경영을 하면 무형의 경쟁력이 될 것이라고 분석된다.

취향과 철학이 담긴 패션,
신세계그룹 정용진표 시그너처 아이템 포켓치프

3월 신세계그룹 회장으로 취임한 정용진 회장의 패션은 감각적이다. 그는 부회장이었을 당시 2024년 신년사를 통해 'One Less Click'을 강조했다. '한 클릭의 격차'를 의미하는 것으로 신세계그룹의 경쟁력은 바로 고객과의 간격을 줄이는 것으로 해석 가능하다.

2024 신세계그룹 신년사 영상을 통해 본 당시 정 부회장의 공식적 자리에서의 드레스 코드는 안정감을 주는 짙은 색상의 고급 투 버튼 슈트와 비슷한 색상의 솔리드 느낌이 나는 넥타이 그리고 화이트 드레스셔츠에 화이트 포켓치프로 포인트를 주고, 블랙 슈즈를 매치해 신뢰감이 느껴지는 클래식한 무드를 연출했다.

신세계그룹 신년 인사에서의 정용진 부회장.
포켓치프가 포인트다.

자연스러운 재킷과 슬랙스 핏, 그리고 재킷 소매에 적당히 보이는 드레스셔츠 소매 등으로 보아 정 회장의 신체 비율 및 특장점을 잘 파악해서 맞춘 비스포크 슈트로 짐작된다. 정 회장은 평상시에도 신세계인터내셔날에서 운영하는 편집매장의 비스포크 슈트를 자주 착용하는 것으로 알려졌고, 자신의 SNS에 이탈리아 비스포크 브랜드에서 슈트를 맞추는 사진을 업로드한 적도 있다.

남성복의 하이라이트라고 할 수 있는 긴장감이 느껴지는 드레스셔츠 목둘레와 넥타이가 위치한 V존만 보더라도 패션 센스를 짐작하게 되는데, 정 회장의 정장 스타일은 확고한 취향과 철학이 있다고 풀이된다. 자신의 신체를 잘 이해하면서 장소와 상황 그리고 재킷의 라펠에 따라 넥타이는 물론 셔츠도 와이드부터 레귤러 칼라 셔츠까지 다양하게 코디하고 있다. 정 회장의 시그너처 정장 스타일 아이템은 포켓치프로, 평범해지기 쉬운 옷차림에 정용진표 포인트로 잘 활용하고 있다고 분석된다.

─── 올드머니 룩 vs 뉴머니 룩, 디올부터 시선 교란 골프 룩까지

새해 첫 현장 경영으로 방문한 스타필드 수원에서 당시 정 부회장이 착용한 오버 셔츠가 화제가 되었다. 좌측 위쪽에 '디올 1947'이라는 프린트가 있는 고가의 프랑스 명품 브랜드다. 일반적으로 재벌들은 브랜드 로고가 강조되지 않으면서 고품질 원단을 선호하는 경향이 있는데, 이런 조용한 럭셔리 스타일은 '올드머니(old money)'와 '룩(look)'이 조합된 단어 올드머니 룩으로 인기를 작년에 끌기도 했다.

정 회장 또한 비즈니스 정장이나 비즈니스 캐주얼 복장에서는 올드머니 룩 스타일을 선보인다. 하지만 골프웨어를 비롯한 캐주얼 룩에서는 올드머니 룩의 반대 개념인 '뉴머니 룩'이라고 표현할 만큼 개방적이고 자유로운 편으로 해석된다. 기하학 패턴의 골프웨어 착용 사진을 '시선 교란 작전'이라는 문구와 함께 SNS에 올리며 자신의 아이덴티티를 표현하는데, 비즈니스 마케팅 전략과 무관하지 않다고 분석된다.

디올 1947이라고 새겨진 오버 셔츠를 입은 정용진 회장.

단순함 속의 강렬함, 최수연 대표의 스타일로 보는 네이버 철학

최수연 대표의 옷차림은 그의 전문성과 카리스마를 자연스럽게 드러내면서도 실용적이고 세련된 감각을 보여준다. 네이버라는 기술 중심의 글로벌 플랫폼 기업을 이끄는 인물답게 그의 스타일은 단순한 비즈니스 정장을 넘어 메시지를 담아내는 도구로 활용되고 있다.

그의 시그너처 아이템은 단정한 정장 재킷으로 다크 네이비, 차콜 그레이 같은 차분한 톤을 주로 선택하며, 깔끔한 라인의 더블 버튼이나 싱글 버튼 재킷을 즐겨 입는다. 이러한 선택은 중요한 자리에서도 신뢰감과 안정감을 준다. 정장 재킷 안에는 화이트나 크림 톤의 베이식한 셔츠 또는 블라우스를 매치해 전체적으로 깨끗하고 절제된 이미지를 완성한다. 이는 그가 전하는 메시지와도 일맥상통한다. 복잡하지 않지만 명확하고, 시선을 사로잡지는 않으나 기억에 남는다.

차분한 톤의 재킷과 미니멀한 디자인의 액세서리를 착용한 최수연 대표.

액세서리 사용도 절제된 편이다. 화려한 장신구보다는 기능적이면서도 심플한 디자인의 시계를 가끔 착용해 실용성과 심미성을 동시에 추구한다. 이러한 미니멀리즘은 그가 내세우는 기술적 혁신과도 연결된다. 무엇이 본질

이고, 무엇이 부수적인지 정확히 알고 이를 선택하는 태도가 드러난다. 특히 공식 석상에서는 이런 절제된 스타일링이 그의 메시지와 행동에 더욱 집중할 수 있도록 돕는다.

그가 연설이나 발표에 나설 때는 조금 더 절제된 심플한 스타일을 추구한다. 2024년 11월 11일 서울 코엑스에서 네이버 주최로 열린 개발자 콘퍼런스 '단(DAN)24'에서 기조연설을 한 최수연 대표는 이날도 짙은 네이비 톤 재킷에 세미 와이드 팬츠를 매치해 포멀함을 강조했다. 그의 선택은 항상 단순한 미적 취향을 넘어 청중에게 신뢰감 있는 이미지를 전달하는 데 효과적이다. 재킷에 밝은 블라우스를 매치할 때도 있는데, 이는 분위기를 부드럽게 하거나 특정 메시지를 강조하기 위한 선택으로 분석된다.

단(DAN)24에서 포멀함을 강조한 최수연 대표.

그의 색상 선택은 그야말로 전략적이다. 네이비·그레이·화이트 같은 중립적이고 안정적인 컬러를 통해 신뢰감을 주고, 때로는 블루나 아이보리처럼 부드러운 색상으로 친근함을 더한다. 색상 활용은 그의 리더십 스타일과도 연결되는데, 신중함과 포용력을 동시에 강조하면서도 필요에 따라 혁신과 변화를 암시한다.

최수연 대표의 패션은 단순히 스타일 이상의 의미를 지닌다. 그의 옷차림은 네이버가 지향하는 혁신적이고 포용적인 기업 이미지를 반영하며, 실용성과 현대적 감각을 조화롭게 담아낸다. 이는 네이버의 서비스와 마찬가지로 기술혁신이 사람들의 일상에 어떻게 스며들어야 하는지를 상징적으로 보여준다. 그의 패션은 결국 '메시지'다. 기술과 인간, 혁신과 실용성, 그리고 변화와 지속 가능성이라는 네이버의 철학이 그의 옷차림을 통해 시각적으로 드러난다.

정신아 대표의 밸런스 리더십, 카카오의 첨단 이미지를 입다

정신아 대표의 옷차림은 그의 전문적 위치와 카카오라는 혁신적 기술 회사의 이미지를 고려해 세심하게 구성된다. 전형적인 비즈니스 포멀과 현대적인 캐주얼 스타일 사이에서 그는 미묘하게 균형을 맞추며 자신만의 스타일을 유지한다. 주로 블랙과 그레이 색상의 블레이저를 선택하는 것은 기술 업계에서 전문적이면서도 접근 가능한 이미지를 구축하려는 그의 전략을 반영한다.

현대적인 캐주얼 스타일을 추구하는 정신아 대표의 모습.

블랙 블레이저는 그의 스타일에서 자주 등장하는 요소로, 심플함과 절제미를 동시에 표현한다. 이는 비즈니스 미팅이나 공식 행사에서 흔히 볼 수 있는 복장 규범과 일치한다. 그러나 그의 블레이저는 매우 잘 맞는 테일러링을 통해 현대적 미학을 강조하며, 기존의 보수적 비즈니스 복장과는 차별화된다.

한편, 여유 있는 핏의 그레이 터틀넥을 선택하는 것은 겨울철에 적합한 비즈니스 캐주얼의 우아한 변주라 할 수 있다. 이너웨어로 선택한 터틀넥은 부드러운 질감의 소재로 전문가 이미지를 유지하면서도 따뜻함과 편안함을 동시에 제공한다. 이런 스타일은 겨울철 야외 행사나 비공식 모임에서도 그의 전문성을 부각시키는 데 유용하다.

화이트 셔츠는 그의 옷장에서 빠질 수 없는 필수 아이템으로, 다양한 상황에서 활용도가 높다. 이는 블레이저나 코트와 매치하기 좋고, 깔끔하고 정제된 느낌을 주어 그의 전문가 이미지를 강화한다. 또한 이러한 셔츠는 다른 색상이나 패턴의 아이템과도 잘 어울려 그의 스타일에 다채로운 변화를 줄 수 있다.

이프카카오 AI 2024에서 기조연설을 한 정신아 대표.

2024년 10월, 카카오AI캠퍼스에서 열린 개발자 콘퍼런스 '이프카카오(if kakao) AI 2024'에서 기조연설을 한 정신아 대표는 화이트 블레이저와 블루진 스타일의 팬츠를 선택했다. 이런 의상 선택은 그의 개방적이고 혁신적인 성향을 드러내며 기존의 검은색 블레이저와 대비되어 더욱 편안하고 친근한 인상을 준다. 그뿐 아니라 카카오가 추구하는 현대적이고 사용자 친화적 기업 이미지와 맥을 같이하며 그를 더욱 돋보이게 한다.

정신아 대표의 패션은 그의 업무 환경과 업계의 특성에 잘 맞춰져 있으며, 세련되고 실용적인 동시에 편안함을 추구하는 그의 개인적 취향이 잘 반영되어 있다. 그의 의상 선택은 카카오의 첨단 이미지와 팀워크를 상징하는 동시에 자신의 전문성과 리더십을 효과적으로 표현한다.

Style Statements

정치적 이미지와 스타일

정치인의 이미지와 스타일이 선거에서 중요한 역할을 한다는 것은 분명한 사실이다. 하지만 이 모든 전략의 시작은 정치인이 타깃 유권자층의 특성을 정확히 파악하는 데서 출발한다. 유권자가 어떤 가치관을 가지고 있고, 어떤 스타일을 선호하는지에 대한 데이터 분석이 기본이 되어야 한다. 예를 들어 젊은 층이 주요 지지층인 후보라면 전통적 슈트보다는 약간 캐주얼한 스타일이 효과적일 수 있다. 반면 중장년층이 주 타깃이라면 전통적 슈트와 넥타이를 착용하는 것이 신뢰를 더 높일 수 있다.

    이뿐만 아니라 정치인의 패션 전략은 상황에 따라서도 달라져야 한다. 선거 포스터와 현장 유세는 각각 다른 메시지를 전달하는 매체이기에 이에 맞는 패션을 고려해야 한다. 포스터에서는 신뢰와 품위를 강조하기 위해 격식을 갖춘 정장을 입는 것이 좋다는 연구 결과가 있으니 참고하자. 이런 모습은 유권자에게 안정적이고 신뢰할 만한 이미지를 심어주기 때문인 것으로 분석된다. 반면 현장 유세에서는 조금 더 친근하고 활기찬 분위기를 위해 세미 정장이나 캐주얼한 스타일을 선택할 수 있다. 이는 유권자들과 더 가까이 소통하는 느낌을 줄 수 있어 현장에서 효과적일 수 있다.

    정치인의 옷차림은 단순히 격식을 갖추기 위한 것이 아니라 유권자들과 소통하고 자신의 정책을 시각적으로 표현하는 수단이 되어야 한다. 중요한 연설이나 TV에 출연할 때에는 정장과 넥타이를 통해 신뢰감을 높이고, 유세나 친근한 자리에선 조금 더 가벼운 스타일로 유권자와 가까워지는 모습을 보여주는 것이 가장 일반적이다. 하지만 이것이 꼭 정답만은 아니다. 이처럼 정치인은 자신의 메시지와 이미지, 그리고 유권자층의 특성을 종합적으로 고려해 전략적으로 패션을 선택해야 하며, 이를 통해 더 효과적인 지지를 얻을 수 있다.

유행 창조:
패션으로 대중을 유혹하는 리더

등장하는 인물

케이트 미들턴 영국 왕세자비   커밀라 파커 볼스 영국 왕비

이부진 호텔신라 사장   로저 스톤 미국 정치인 겸 컨설턴트

패션으로 전하는 외교 메시지

암 진단 공개 5개월 만에 화학치료를 마쳤다는 소식을 전한 케이트 미들턴(Kate Middleton)은 영국 왕실의 지혜로운 패션 외교 중심에 있다고 해도 과언이 아니다. 케이트 미들턴 왕세자빈은 350년 만에 영국 왕실에 입성한 평민 출신으로 2023년 11월, 영국 런던 호스가즈 광장에서 열린 윤석열 대통령 부부의 국빈 방문 환영식에서 레드 케이프 코트 룩으로 왕세자빈의 위엄과 우아함을 각인시켰다.

외교에서 패션의 중요성을 인지하고 있는 왕실이기에 의상 디자인은 물론, 색상까지 뚜렷한 목적과 의도가 담겨 있다고 분석되는 가운데 커밀라 왕비와 케이트 왕세자빈이 우주의 균형을 상징하는 한국 태극 문양을 연상시키는 색상의 옷을 입었다고 〈텔레그래프〉는 언급했다.

영국 국기 또한 우리나라 태극기처럼 파란색과 붉은색이 상징인 만큼 한국과 영국 두 국가의 공통 색을 통해 핵심 동맹국으로서 미래의 일치된 방향성을 제시한 것으로 보인다.

우아한 룩을 선보이는 케이트 미들턴.

강렬하고 우아한 국빈 환영 올 레드 룩 스타일, 케이트 미들턴

국빈 환영 행사는 영국의 고위 왕족들이 참석하는 공식 의무 중에서도 가장 정점에 있는 행사로, 윤석열 대통령 부부 국빈 방문 환영식장인 호스가즈 광장에 나타난 왕세자빈의 드레스 코드는 올 레드 룩이었다. 모자부터 드레스와 케이프, 구두, 핸드백까지 모두 레드 톤으로 강렬하면서도 우아하게 스타일링했다.

윤석열 부부가 영국 왕실을 방문할 당시 올 레드 룩을 선보인 케이트 미들턴.

올 레드 컬러도 격식 있는 자리에서 품위 있게 입을 수 있음을 입증했고, 당일 저녁 버킹엄궁에서 열린 국빈 만찬에서는 화이트 드레스를 선택했다. 결혼 초 왕세손빈의 자격으로 외국을 국빈 방문하면서 복장 문제로 구설수에 오른 적도 있는데, 비행기에서 내리던 중 바람이 불어 뒤집힌 치마 안에 민망한 속옷 하나만 입고 있어서 일어난 사고였다. 언론에 의하면 엘리자베스 2세(Elizabeth II)가 왕세자빈의 치마 길이에 집중하면서 우아한 왕실의 품격을 갖추게 하기 위해 의상을 검토했다고 전해진다.

— 다이애나 이미지 연상 전략

고(故) 다이애나(Diana)를 연상시키는 패션을 선보인 경우가 많았던 미들턴 왕세자빈은 장남 조지(George) 왕자를 출산했을 때 다이애나가 윌리엄을 낳고 입은 도트 패턴 원피스와 비슷한 옷을 입었고, 차남 루이(Louis) 왕자를 출산했을 때도 다이애나가 해리 왕자를 낳고 입은 레드 컬러 원피스를 연상케 하는 의상을 선택했다.

그뿐 아니라 해리(Henry) 왕자의 아들 아치(Archie)의 세례식에서는 다이애나가 해리의 세례식 때 착용한 귀걸이를 했고, 찰스 3세의 대관식을 위해 참석했던 그녀는 다이애나가 소유했던 사파이어와 다이아몬드 귀걸이를 착용하면서 다이애나 이미지 연상 전략을 실천하고 있다고 분석된다.

―― **믹스 매치, 친환경 패션 로테이션**
영국을 상징하는 장미, 아일랜드를 상징하는 토끼풀, 스코틀랜드를 상징하는 엉겅퀴를 하나하나 손으로 수놓은 3억 원이 훌쩍 넘는 왕세자빈의 알렉산더 맥퀸 웨딩드레스와 특별 제작한 귀걸이는 세계적으로 화제가 되었다. 2011~2013년 〈타임〉의 '세계에서 가장 영향력 있는 인물 100인' 중 한 명으로 선정된 왕세자빈은 기본적으로 자신의 피부 톤과 체형을 제대로 파악하고 강점을 강화한다.

블루 톤 의상을 잘 활용하고, 늘씬하지만 다소 빈약해 보일 수 있는 하체 부분을 커버하면서도 우아함을 강화하는 A라인 원피스를 자주 입는다. 여러 공식 석상에서 자라 등 중저가 브랜드와 고가의 명품을 적절히 믹스 매치하고, 입었던 옷을 반복해서 입는 재활용 패션을 선보이면서 친환경을 실천하는 의식 있는 왕세자빈이라는 이미지까지 구축했다.

사치스러운 불륜녀에서 소박한 왕비로, 커밀라의 패션을 통한 대변신

커밀라 파커 볼스(Camilla Parker Bowles) 왕비는 패션을 통해 이미지 변신을 시도하며, 과거의 부정적 이미지를 벗고 새로운 모습을 보여주기 위해 노력하고 있다. 특히 그의 패션 스타일은 전통적 영국 왕실의 우아함과 현대적 요소를 조화롭게 결합한 것이 특징이다.

커밀라는 중요 행사에서 유명 디자이너의 제품을 착용한다. 예를 들어 2023년 커먼웰스 데이 서비스(Commonwealth day service)에서는 피오나 클레어 디자이너의 파란색 코트와 드레스를 착용했다. 이 의상은 A라인 실루엣과 미디 길이로, 전통적 디자인과 현대적 감각이 잘 어우러져 있다. 이와 함께 엘리엇 제드의 검은색 스웨이드 펌프스와 라우너 런던의 고급스러운 가죽 클러치백을 매치해 완벽한 왕실 패션을 선보였다.

커밀라 왕비는 종종 역사적 보석을 착용해 특별한 의미를 더한다. 엘리

유명 디자이너의 파란색 코트를 착용한 커밀라 왕비.

자베스 여왕의 사랑을 받았던 러시아 사파이어 클러스터 브로치는 그의 패션에 깊이를 더해주는 중요한 액세서리다.

일상에서는 캐주얼하면서도 우아한 스타일을 선호한다. 팬데믹 동안 청바지와 셔츠 드레스 같은 편안한 옷차림을 즐겼는데, 이는 그의 자연스러운 매력을 강조하면서도 지나치게 주목받는 걸 피하는 데 효과적이었다.

영국과 프랑스의 국빈 방문 중에는 디올의 블루 가운 드레스 같은 고급스럽지만 절제된 패션을 선보였다. 이는 왕비로서 품위를 유지하면서도 친근하고 접근 가능한 이미지를 강조하는 데 도움이 되었다. 프랑스 영부인 브리지트 마크롱(Brigitte Macron)과의 탁구 대결에서 페미닌한 연핑크 코트 원피스 룩을 선택한 것도 같은 맥락으로 볼 수 있다.

커밀라 왕비의 패션은 단순한 스타일 이상으로 환경보호와 지속 가능한 발전을 강조하는 가치도 반영하고 있다. 찰스 3세의 대관식에서는 간소화한 디자인과 재활용 왕관을 선택해 검소함을 보여주었다. 이러한 선택은 영국 국민이 겪고 있는 생활비 위기 속에서 소박함을 강조하는 중요한 이미지 변신 전략 중 하나였다.

찰스 3세 대관식에서 재활용 왕관을 선택해 검소함을 보여줬다.

그는 왕실 패션 규칙을 유연하게 적용해 심플하면서도 우아한 스타일로 이미지 브랜딩을 하고 있다. 또한 진정성 있는 왕비의 모습을 보여줌으로써 긍정적 이미지를 지속적으로 추구한다. 찰스 3세의 짜증을 받아주는 모습을 통해 국민에게 친근하고 인간적 면모를 보여주며, 50년간 그의 곁을 지킨 진정한 동반자로서의 이미지를 구축하고 있다.

여론 조사 기관 '유고브'에 따르면 커밀라 왕비는 왕실 인사 중 인기 9순위로, 과거 불륜녀라는 이미지에서 벗어나기 위해 많은 노력을 기울이고 있다. 이러한 노력은 패션을 통한 이미지 브랜딩으로 이어지며 왕비다운 품위와 소박함을 동시에 보여주려는 의도로 해석된다.

그는 패션을 통해 과거의 부정적 이미지를 벗고 긍정적 변화를 이끌어내고 있는데, 이는 그의 역할과 개인적 취향을 반영한 이미지 브랜딩의 일환으로 볼 수 있다.

H형 실루엣과 무채색으로 품격 높인 재계 패션 아이콘, 호텔신라 사장 이부진

서울신라호텔은 호텔판 미쉐린 가이드로 일컫는 〈포브스 트래블 가이드〉에서 국내 호텔로는 최초이자 유일하게 6년 연속 5성급 호텔로 선정했다. 작년 연간 순이익이 860억 원으로 흑자 전환하면서 예전 사드 위기에서도 25% 성장률을 보였던 이부진 사장의 행보에 관심이 모이고 있다.

사석에서는 부드럽고 검소한 이미지지만, 경영에서는 위기 돌파 승부사로 통하는 이 사장은 강단 있는 리더십과 뛰어난 경영 감각으로 '리틀 이건희'로 불리기도 한다. 미국 경제지 〈포브스〉가 선정한 '2023년 세계에서 가장 영향력 있는 여성 100인'에 이름을 올리는 등 자타 공인 한국 재계를 대표하는 여성 CEO다.

패션 아이콘이란 한 시대를 대표하는 리더이자, 많은 대중의 관심을 받으며 따라 하고 싶은 대상이다. 이러한 아이콘의 스타일이 하나의 패션 용어로 정의되면서 패션사에 남아 현대 패션에 지속적으로 영향을 준다.

최근 이부진 사장은 고가의 명품과 합리적 가격의 제품을 믹스 매치하며 대중에게 패션 아이콘으로 자리매김하고 있다. 명품 로고가 크게 부각되는 의상보다는 우아하고 수수한 이미지가 드러나는 옷과 가방 등을 매치하는 올드머니 룩 스타일로 주주총회에 참석하는 등 다양한 자리에 TPO를 잘 고려해 스타일링하는 특징이 있다.

대부분의 아이템은 지적이며 신뢰감을 주는 단정한 스타일의 재킷과 스커트로 코디한 투피스나 허리를 강조한 아이템이 자주 보인다. 단정하고 세련된 H형 실루엣으로 길이는 대부분이 무릎 라인으로 고급스럽고 우아한 느낌을 강화한다. 디테일이나 문양에서는 깔끔한 솔리드를 선호하며, 컬러를 사용해 본인의 이미지를 표현한다.

색채에서는 화려함보다는 신뢰를 주면서 자신의 쿨 톤 피부에도 어울리는 블랙, 그레이, 화이트 등 무채색 의상을 바탕으로 부드러운 미소를 통해 품격을 강화하고 있다.

2024 한국 방문의 해 개막 행사 때 이부진 사장. 지적이면서 신뢰감을 주는 패션을 주로 선보인다.

─── 변화된 절개 라인과 소품으로 에지 개성 표현

이부진 사장이 추구하는 스타일이 대중에게 적지 않은 영향력을 미친다는 사실을 인지하고 있으며, 패션 스타일을 통해 호텔신라의 이미지 브랜딩을 강화하고 있다고 분석된다. 보수적 스타일 안에서도 드롭형 이어링과 에지 있는 소품 그리고 의상 질감 및 변화된 절개 라인 등을 통해 개성을 은근하게 표현하고 있다.

또한 이 사장의 패션 경향은 유행에 민감하게 변화를 주지는 않지만, 트렌드의 일부를 반영해 세련되고 단아한 이미지를 드러내는 특징이 있다. 패션 브랜드를 선택하는 데에도 매우 신중하고 전략적인 편이다. 루이 비통 모엣헤네시(LVMH) 그룹 베르나르 아르노(Bernard Arnault) 총괄회장 일행이 한국을 방문했을 당시 디올 재킷을 입었는데, 이는 함께 동행한 디올 CEO를 염두에 둔 선택으로 분석된다.

패션 정치로 활용한 개성과 정치적 신념, 킹메이커 로저 스톤

'사악한 변호사', '정치 공작의 달인', '최첨단 밉상' 등 부정적이고 거친 별명을 들어도 개의치 않을뿐더러 오히려 자랑스러워하는 멘털 갑의 인물이 있다. 바로 간교한 프레임 정치에 능한 로저 스톤(Roger Stone)이다.

"승리를 위해서는 허위 정보가 필요하고, 돈과 네거티브 전략으로 누구든 대통령으로 만들 수 있다"고 거침없이 말하는 스톤은 '트럼프의 남자'로도 불린다. 리처드 닉슨부터 로널드 레이건, 도널드 트럼프에 이르기까지 10번의 공화당 대선 캠페인에 참여한 노련한 선거 승리 지상주의자 스톤은 자신의 저서 <2016년 대통령 탄생(The Making of the President 2016)>을 집필한 바 있다.

자신의 등 중앙에 닉슨 얼굴을 문신한 스톤은 독특한 패션 스타일로도 유명하다. 그의 스타일 감각은 뛰어난 편이지만, 무난함을 거부하는 지나친 화려함이나 특색 있는 요소들을 포함하고 있다. 칼라 끝이 뾰족한 피크드 라펠의 더블브레스트 정장에 간격이 매우 넓은 스트라이프 패턴 재킷, 그리고 미국 국기 색상의 넥타이나 트럼프와 관련한 로고가 있는 등 평범하지 않은 극적 패턴의 넥타이를 즐겨 매는 것으로 분석된다.

패션 스타일이 독특한 로저 스톤. 와이드 스프레드 셔츠를 자주 입는다.

패션을 통해 자신의 정치적 성향을 시각적으로 표현하며, 대중에게 메시지를 전략적으로 전달하는 데 능하다. 트럼프 대통령이 로저 스톤의 형기를 감형해 사실상 사면해줄 당시 'FREE ROGER STONE(자유로운 로저 스톤)'이라고 적힌 검은색 마스크 및 티셔츠 등을 통해 자신의 의사를 전달하기도 했다.

드레스셔츠는 칼라 폭이 매우 넓고 작은 와이드 스프레드 셔츠를 자주 입는데, 칼라 각도가 180도에 가깝게 넓어서 가슴 주위의 볼륨감이 느껴지고 얼굴이 더 드라마틱하게 작아 보이는 효과가 있다. 포켓치프는 일반 높이보다 과장될 정도로 많이 보이도록 연출하는 특징이 있다. 작은 라운드 형태의 선글라스 및 골드 톤의 액세서리를 선호하며, 화려한 목걸이나 반지 및 골드 컬러의 안경 등을 통해 독특한 스타일을 강화한다. 전반적으로 스톤의 패션 스타일은 퍼블릭이나 미디어 앞에 나서면서 더욱 강조되고 있으며, 그의 외모는 자신의 유니크한 개성과 정치적 신념을 교묘하게 표현하는 수단 중 하나로 작용하고 있다고 분석된다.

파워 드레싱 패션 법칙
FASHION

패션에도 법칙이 필요하다.
원하는 이미지에 따라, 상황에 따라 적절한 스타일을 찾아내는 것은
전하고자 하는 메시지의 특별한 전략이 될 수 있다.
총 7개의 스타일을 알아보고, 지금 내게 필요한 건 무엇일지 확인해 보자.

- **F**riendly — 친근한 이미지
- **A**mbitious — 야심 찬 스타일
- **S**tylish — 세련된 메시지
- **H**armonious — 조화로운 이미지
- **I**conic — 아이코닉한 스타일
- **O**riginality — 의상의 독창성
- **N**ovel — 새로운 아이디어

친밀감을 주는 정치인의 옷차림
대중과의 소통을 촉진하는 스타일

정치인이 대중과 거리를 좁히기 위해 가장 먼저 신경 쓰는 것 중 하나가 바로 옷차림이다. 옷차림은 단순히 외모를 꾸미는 것을 넘어 대중과의 관계를 형성하는 중요한 도구로 작용한다. 예를 들어 평소보다 조금 더 캐주얼한 옷을 입고 나오는 정치인은 대중에게 더 친근하게 다가갈 수 있다. 이는 유권자가 정치인을 '우리와 같은 사람'으로 느끼게 하는 효과를 준다.

정치인의 옷차림은 그들이 특정 그룹이나 계층과 소통하려는 의지를 나타내기도 한다. 예를 들어 농촌 지역을 방문할 때 전통적인 농촌 스타일의 옷을 입는다면 그 지역 사람들은 정치인이 자신들의 문화를 이해하고 존중한다고 느낄 것이다. 이는 대중과 공감대를 형성하고, 정치인이 실제로 그들의 문제에 관심이 있다는 메시지를 전달하는 방법이다.

또한 정치인의 옷차림은 그들의 진정성과 신뢰성을 나타내는 요소다. 지나치게 화려하거나 고급스러운 옷을 입으면 대중과 거리감을 느끼게 할 수 있다. 반면 상황에 맞는 단정하고 소박한 옷차림은 정치인이 진심으로 대중과 소통하려는 의도를 보여주는 것으로 받아들인다. 이는 정치인의 신뢰성을 높이는 데 중요한 역할을 한다. 마지막으로 정치인의 옷차림은 그들이 속한 문화와 사회적 배경을 반영할 수 있다. 다양한 문화적 배경을 가진 유권자를 만날 때 그들의 문화를 존중하는 옷차림을 선택하는 정치인은 포용성과 이해심을 보여준다. 이는 다양한 배경을 가진 유권자가 정치인과의 관계에서 존중받고 있다는 느낌이 들게 한다. 정치인의 옷차림은 단순한 외모 관리가 아니다. 대중과의 소통을 촉진하고, 친밀감을 형성하며, 신뢰성을 강화하는 중요한 도구다.

F
Friendly
친근한 이미지

> **TIP** 친근한 이미지를 선호한다면
>
> ✦ **캐주얼한 디테일**
> 캐주얼 아이템을 적절히 활용해 접근성 높은 이미지를 유지하되, 지나치게 캐주얼해 보이지 않도록 주의해야 한다. 단정한 카디건, 단순한 액세서리 등을 매치하면 좋다.
>
> ✦ **따뜻한 컬러 선택**
> 따뜻하고 밝은 톤의 색상을 활용하면 좋다. 파스텔 톤이나 부드러운 베이지, 브라운 계열은 친근감을 높이는 데 도움을 준다.

자신감 있고 목표 지향적 패션
진취적 스타일

정치인에게 자신감 있고 목표 지향적 패션, 진취적 스타일은 리더십과 비전을 시각적으로 표현하는 중요한 방법이다.

우선, 정치인의 패션은 그들의 자신감을 반영한다. 자신감 있는 스타일을 고수하는 정치인은 대중에게 강한 리더십과 확신을 전달한다. 예를 들어 단정하고 세련된 옷차림은 정치인이 자신을 잘 관리하고 있다는 인상을 주

A
Ambitious
야심 찬 스타일

> **TIP 진취적인 이미지를 선호한다면**
>
> ✦ **선명한 실루엣**
> 체형을 돋보이게 하는 핏의 옷을 선택해 자신감을 더 강조해야 한다. 강렬한 컬러나 명확한 라인의 의상은 의지와 목표 지향성을 더 부각시켜줄 것이다.
>
> ✦ **액세서리 활용**
> 적절한 액세서리를 통해 고급스럽고 세련된 이미지를 연출하면 좋다. 예를 들어, 명확한 목표를 상징하는 시계나 심플하면서도 힘 있는 디자인의 가방을 선택해야 한다.

며, 유권자가 그를 신뢰하고 따를 수 있게 만드는 중요한 요소로 작용한다. 정치인의 자신감은 대중에게 그의 능력에 대한 믿음을 심어준다.

또한 목표 지향적 패션은 정치인의 비전과 목적의식을 드러낸다. 정교하게 계획한 스타일은 그가 어떤 목표를 향해 나아가고 있는지를 보여준다. 예를 들어 환경문제를 강조하는 정치인은 재활용 소재로 만든 옷을 선택함으로써 자신의 정책을 시각적으로 표현할 수 있다. 이는 그가 단순히 말로만이 아닌 행동으로도 자신의 가치를 실현하고 있음을 나타낸다.

진취적 스타일은 정치인의 개혁적이고 혁신적인 면모를 보여준다. 색다른 패션을 시도하는 정치인은 변화와 혁신을 두려워하지 않는다는 메시지를 전달하며, 현상 유지에 만족하지 않고 더 나은 미래를 위해 지속적으로 노력하고 있음을 보여준다. 진취적 스타일은 정치인이 미래지향적 비전을 가지고 있음을 상징한다.

또한 정치인의 패션은 그가 얼마나 시대 흐름을 잘 파악하고 있는지를 나타낸다. 현대적이고 세련된 옷차림은 시대의 변화에 민감하게 반응하며, 대중의 기대를 충족시키기 위해 노력하고 있음을 보여준다. 이는 특히 젊은 층 유권자에게 강한 인상을 남기며, 그들과의 소통을 원활하게 하는 데 도움을 준다.

Stylish
세련된 메시지

스타일리시한 옷차림으로 인식을 바꾸는 전략
개성 있는 패션 아이템의 활용

스타일리시한 옷차림은 정치인이 시대 흐름을 잘 파악하고 있다는 인상을 준다. 현대적이고 세련된 스타일을 지향하는 정치인은 대중에게 자신이 현안과 트렌드에 민감하게 반응하는 사람임을 보여주는데, 특히 젊은 유권자에게 강한 인상을 남기며, 그들과의 소통을 원활하게 한다. 또한 스타일리시한 옷차림은 정치인이 자신을 잘 관리하고 있다는 느낌을 주어 신뢰성을 높이는 데 도움을 준다.

개성 있는 패션 아이템은 정치인의 이미지를 차별화하는 데 중요한 역할을 한다. 예를 들어 독특한 넥타이나 배지를 착용한 정치인은 대중의 눈길을 끌고, 기억에 남는 이미지를 형성할 수 있다. 이러한 아이템은 그 정치인이 어떤 가치를 중요시하는지 혹은 어떤 메시지를 전달하려는지를 직관적으로 보여준다. 이는 유권자가 그 정치인을 더 쉽게 기억하고, 긍정적 이미지를 형성하는 데 기여한다.

또 개성 있는 패션 아이템은 정치인의 인간적 면모를 부각시킨다. 대중은 정치인을 다소 거리가 먼 존재로 느낄 수 있는데 개성 있는 아이템을 통해 그들에게 친근감을 주고, 그들과 비슷한 취향이나 관심사를 가지고 있음을 보여줄 수 있다. 이는 정치인과 유권자 간의 심리적 거리를 좁히는 데 큰 역할을 한다.

패션을 통한 이미지 변화는 정치인이 자신의 변화를 표현하는 방법이 되기도 한다. 예를 들어 새로운 역할이나 정책을 추진하는 과정에서 스타일의 변화를 줄 경우 새로운 방향으로 나아가고 있음을 상징적으로 나타내는 것이 된다. 이러한 변화는 대중에게 정치인이 항상 발전하고 있다는 인상을 주며, 그에 대한 기대감을 높인다.

스타일리시한 옷차림과 개성 있는 패션 아이템의 활용은 정치인의 이미지를 새롭게 하고, 대중과의 소통을 강화하는 데 중요한 전략적 도구다. 이를 통해 정치인은 자신의 메시지를 효과적으로 전달하고, 유권자의 신뢰와 지지를 얻을 수 있다.

> **TIP 세련된 이미지를 선호한다면**
>
> ✦ **트렌드 반영**
> 최신 트렌드를 반영한 아이템을 추가해보자. 하지만 전체 스타일에서 중심을 흐리지 않도록 유행에 따른 아이템을 적절하게 조절해 매치하는 것이 중요하다. 하지만 유행만 좇는다면 전체 조화가 깨질 수 있으니 유의하자.
>
> ✦ **디테일**
> 세련된 스타일은 디테일이 중요하다. 작은 액세서리 하나도 신중하게 선택해 감각적인 이미지를 더 강화할 수 있다.

조화롭고 일관된 스타일의 중요성
이미지와 정책의 일관성을 반영하는 옷차림

조화롭고 일관된 스타일은 정치인의 신뢰성을 높여준다. 대중은 일관된 스타일을 통해 정치인이 자신의 가치와 비전을 일관되게 유지하고 있다는 느낌을 받는다. 이는 그가 변덕스럽거나 순간적인 유행에 휘둘리지 않는다는 것을 의미하며, 안정적이고 신뢰할 수 있는 리더로서 이미지를 강화한다.

또한 옷차림을 통해 정책의 일관성을 반영할 수 있다. 예를 들어 중소기업 지원이나 경제 발전을 강조하는 정치인은 지나치게 화려한 옷보다는 심플한 디자인과 색상을 선택함으로써 경제적 실용성과 절제를 시각적으로 표현할 수 있다. 이를 통해 대중은 그 정치인이 경제적 효율성과 안정성을 우선시한다는 메시지를 직관적으로 이해하게 된다. 이러한 스타일은 그의 경제정책과 비전이 일관되게 유지되고 있다는 인상을 주며, 정책적 일관성을 시각적으로 반영한다.

조화로운 스타일은 또한 정치인의 메시지를 더욱 명확하고 효과적으로 전달하는 데 도움을 준다. 일관된 옷차림은 그가 어떤 이슈나 가치에 집중하고 있는지를 시각적으로 드러낼 수 있다. 예를 들어 사회적 정의를 강조하는 정치인은 격식 있는 정장보다는 좀 더 편안하고 접근하기 쉬운 스타일을 선택하는 것이 좋다. 이는 그가 대중과의 소통을 중요시하며, 그들의 목소리를 듣

H
Harmonious
조화로운 이미지

> **TIP 일관성 있는 이미지를 얻고 싶다면**
>
> ✦ **일관된 컬러 사용**
> 옷차림에서 사용하는 색상을 제한해 조화로운 이미지를 유지해야 한다. 같은 톤의 옷을 매치해 일관성을 강조하고, 전체적인 스타일이 흐트러지지 않도록 하자.
>
> ✦ **균형 잡힌 디자인**
> 과장되지 않은 디자인을 선택해야 한다. 디자인이 단순하더라도 고급스러운 소재를 선택한다면 세련됨은 물론 안정적인 이미지도 선사할 수 있다.

고자 한다는 메시지를 전달한다.

정치인의 스타일은 개인적 이미지를 형성하는 데 중요한 역할을 하기도 한다. 대중은 정치인의 옷차림을 통해 그의 성격과 개성을 판단한다. 조화롭고 일관된 스타일은 자기 자신을 잘 이해하고, 자신의 강점을 잘 활용하고 있음을 나타내며, 대중이 그 정치인에게 더 쉽게 감정적으로 연결될 수 있게 해준다.

마지막으로, 일관된 스타일은 정치인의 브랜드를 형성하는 데 중요한 요소다. 특정 옷차림이나 스타일을 지속적으로 유지하는 정치인은 대중의 기억 속에 강하게 남는다. 이는 어떤 상황에서도 일관된 이미지를 유지함으로써 대중의 신뢰를 얻고, 지지를 받는 데 큰 도움이 된다.

I
Iconic
아이코닉한 스타일

TIP 시대의 아이콘으로 기억되고 싶다면

✦ **시그니처 아이템**
자신만의 트레이드마크가 될 수 있는 독특한 아이템을 꾸준히 사용하자. 넥타이, 모자, 장신구 등 특정 디자인을 선택해 당신만의 시그니처 스타일을 완성할 수 있다. 하지만 과유불급이다. 상황에 맞는 적절한 스타일 조절이 필요하다.

✦ **강렬한 컬러**
주목받을 수 있는 강렬한 컬러를 적절히 사용한다면 당신의 이미지를 더욱 강화할 수 있다.

기억에 남는 패션 아이콘의 옷차림
역사적으로 기록된 스타일

패션 아이콘이 된 정치인의 스타일은 대중의 기억 속에 강렬하게 남는다. 예를 들어 존 F. 케네디 대통령의 깔끔하고 세련된 스타일은 그를 젊고 활기찬 리더로 인식하게 만들었다. 이는 그가 미국의 새로운 시대를 이끌어갈 수 있는 사람이라는 이미지를 심어주었다. 스타일리시한 옷차림은 정치인이 현대적이고 진보적인 인물로 보이게 하는 중요한 요소다.

또한 프랭클린 루스벨트 대통령의 명품 모자와 고유의 스타일은 그가 힘 있고 존경받는 지도자라는 이미지를 구축하는 데 큰 도움을 주었다. 이러한 독특한 스타일은 대중에게 그를 강한 리더로 인식하게 만들었으며, 그의 정책과 리더십에 대한 신뢰를 높이는 데 기여했다. 패션은 단순한 외모가 아닌, 정치적 신념과 리더십을 표현하는 중요한 도구로 작용한다.

역사적으로 기록된 대통령의 스타일은 그들의 시대 배경과 정치 상황을 반영한다. 에이브러햄 링컨의 검은 실크 모자와 긴 코트는 그가 격동기를 이끄는 강인한 인물로 기억되게 만들었다. 그의 옷차림은 단순히 개성을 넘어 결단력과 인내심을 시각적으로 표현한 것으로, 그가 국민에게 안정감과 신뢰를 주는 데 크게 기했다.

또한 마거릿 대처 영국 총리의 트레이드마크인 진주 목걸이와 깔끔한 정장은 그의 강인함과 '철의 여인'이라는 이미지를 강화했다. 그의 스타일은 대중에게 정책적 결단력과 리더십을 시각적으로 전달하는 역할을 했다. 이러한 아이코닉한 스타일은 정치인이 대중과의 관계를 구축하고, 자신의 정치적 메시지를 효과적으로 전달하는 데 중요한 역할을 한다.

기억에 남는 패션 아이콘의 옷차림과 역사적으로 기록된 대통령의 스타일은 정치인에게 매우 중요한 요소다. 이는 그들의 이미지와 메시지를 강화하고, 대중에게 강렬한 인상을 남기며, 정치적 신념과 리더십을 시각적으로 표현하는 강력한 도구로 작용한다. 이러한 스타일은 시대를 초월해 대중의 기억 속에 남아 정치인의 유산을 형성하는 데 지대한 기여를 한다.

창의적이고 독특한 패션 선택
개성을 강조하는 스타일링

Originality
의상의 독창성

창의적 패션 선택은 정치인의 개성을 강조하는 데 큰 역할을 한다. 개성 있는 스타일링을 통해 정치인은 자신만의 독특한 이미지를 구축할 수 있다. 이는 대중에게 다른 정치인과 차별화된 독자적 생각과 접근 방식을 가진 인물임을 알리는 방법이다. 독특한 패션은 그가 개성 있고 혁신적 사고를 가지고 있음을 시각적으로 보여준다.

또한 창의적 패션은 정치인의 자신감을 반영한다. 독특한 스타일을 선택하는 정치인은 자신의 신념과 가치관에 대한 강한 자신감을 가지고 있음을 나타낸다. 이는 대중에게 리더십과 결단력을 갖춘 사람으로 인식하게 만든다. 자신감 있는 옷차림은 정치인이 어려운 상황에서도 확고하게 자기 입장을 지킬 수 있는 강한 인물이라는 이미지를 심어준다.

독특한 패션 선택은 정치인의 메시지를 더욱 효과적으로 전달하는 데 도움을 준다. 교육을 중요시하는 정치인의 예를 들어보자. 이 정치인이 교육 정책을 추진하는 데 패션은 그의 정책 메시지를 강화하는 데 큰 도움이 될 수 있다. 예를 들어 그는 중요한 교육 관련 행사에서 다양한 책의 표지나 학용품 패턴이 들어간 타이 및 스카프를 착용할 수 있다. 이는 그가 교육에 대한 깊은 관심과 열정을 시각적으로 표현하는 방법이 된다. 이렇게 특정 주제를 반영한 패션 아이템은 그가 단순히 말로만 교육을 강조하는 것이 아니라, 실제로 교육을 삶의 일부로 여기고 있음을 보여준다.

또 다른 예로 과학 기술혁신을 중요시하는 정치인을 생각해보자. 이 정치인은 미래지향적 이미지를 강조하기 위해 현대적이고 기술적인 요소를 반영한 패션을 선택할 수 있다. 예를 들어 스마트 워치나 첨단 소재로 만든 의상을 착용함으로써 그의 스타일에 혁신성을 더할 수 있다. 이는 그가 첨단 기술에 대한 깊은 이해와 관심을 가지고 있으며, 이를 통해 미래를 준비하는 리더임을 시각적으로 전달한다.

TIP 개성을 강조하고 싶다면

◆ 유니크한 디테일
남들과 다른 디자인이나 패턴을 선택해 창의적인 이미지를 부각하자. 핸드메이드 아이템이나 독특한 소재의 의상을 시도해보는 것도 좋다.

◆ 개성 표현
자신만의 철학이나 가치를 시각적으로 표현할 수 있는 패션을 고수하자. 친환경 패션이나 윤리적 소비를 반영한 패션 아이템을 선택하는 것도 방법이다.

문화와 예술을 중시하는 정치인도 독특한 패션을 통해 자신의 메시지를 강화할 수 있다. 예를 들어 그가 다양한 문화 행사에 참석할 때 각 지역의 전통 의상을 변형한 현대적인 디자인의 옷을 입는다면, 이는 그가 다양한 문화에 대한 존중과 애정을 가지고 있음을 보여준다. 이는 또한 그가 문화적 다양성을 지지하고, 이를 통해 사회적 통합을 이루고자 하는 리더라는 이미지를 부각시킨다.

경제정책을 강조하는 정치인의 경우, 그의 패션 선택은 경제적 효율성과 실용성을 반영할 수 있다. 그는 고품질이면서도 합리적인 가격의 의류를 선택함으로써 대중에게 경제적 실용성을 강조할 수 있다. 예를 들어 지역 소상공인들이 제작한 옷을 입고 공식 석상에 나선다면, 이는 그가 지역 경제 활성화에 관심을 가지고 있음을 보여주고, 그의 정책적 목표와 일관성을 시각적으로 표현하는 방법이 된다.

창의적이고 독특한 패션 선택과 개성을 강조하는 스타일링은 정치인의 메시지와 이미지를 강화하는 데 중요한 역할을 한다. 이는 그가 중요시하는 정책과 가치를 시각적으로 표현하고, 대중과의 소통을 강화하며, 그의 개성과 리더십을 부각시키는 데 크게 기여한다. 정치인의 패션은 단순한 외모를 넘어 그가 어떤 사람인지, 어떤 가치를 추구하는지를 보여주는 강력한 도구다.

Novel
새로운 아이디어

혁신적 패션 전략의 적용
새로운 시각으로 접근하는 옷차림

혁신적 패션 전략은 정치인이 변화와 혁신을 주도하는 리더로서의 이미지를 부각시킨다. 전통적 정치인의 옷차림에서 탈피하고 새로운 스타일을 도입하는 것은 그가 새로운 아이디어와 변화를 수용하고 있음을 시각적으로 보여준다. 예를 들어 첨단 기술 소재로 만든 옷을 입거나 스마트 워치 같은 최신 기술을 활용하는 것은 미래지향적이며 혁신적인 사고를 지니고 있음을 나타낸다. 이는 대중에게 그가 시대 변화를 주도할 수 있는 능력과 의지가 있음을 인식시키는 데 도움이 된다.

또한 특정 정책이나 가치관을 시각적으로 표현하는 옷차림은 대중에게 명확한 메시지를 전달할 수 있다. 예를 들어 사회적 정의를 강조하는 정치인이 다양한 사회계층을 상징하는 색상이나 디자인을 활용한다면, 이는 그가 사회의 모든 구성원을 포용하고자 하는 의지를 표현하는 방법이 된다. 이러한 시각적 메시지는 말로 전달하는 것보다 훨씬 직관적이고 강력하게 다가올 수 있다.

새로운 시각으로 접근하는 스타일은 대중에게 신선함과 친근감을 줄 수 있다. 예를 들어 캐주얼하면서도 세련된 옷차림은 대중과 더욱 가깝게 소통하고자 하는 의지를 나타낸다. 이는 대중이 정치인을 더 쉽게 접근할 수 있는 인물로 느끼게 하며, 그의 리더십에 대한 신뢰와 호감을 높이는 데 기여한다.

혁신적 패션 전략은 브랜드 이미지를 형성하는 데 중요한 역할을 한다. 특정 스타일이나 패션 아이템이 정치인의 트레이드마크가 되면 이는 그 정치인을 독특하고 기억에 남는 인물로 인지하게 만든다. 예를 들어 특정 색상의 넥타이나 독특한 디자인의 슈트는 정치인의 시그너처가 되어 그의 이미지를 더욱 부각시킬 수 있으며, 대중이 그를 쉽게 기억하고, 그의 리더십을 긍정적으로 평가하는 데 도움이 된다.

마지막으로, 새로운 시각으로 접근하는 정치인의 옷차림은 그의 개성과 인간적 면모를 부각시킬 수 있다. 정치인은 종종 대중에게 다소 거리감 있게 느껴질 수 있지만, 창의적이고 개성 있는 스타일은 좀 더 인간적이고 친근해 보이게 한다. 이는 대중이 정치인과 감정적으로 연결되고, 그의 리더십에 대한 지지를 강화하는 데 큰 역할을 한다.

혁신적 패션 전략과 새로운 시각으로 접근하는 정치인의 옷차림은 그의 이미지 형성, 메시지 전달, 대중과의 소통을 강화하는 중요한 도구다. 이를 통해 대중에게 혁신적이고 미래지향적인 리더로서의 이미지를 심어주고, 그의 정책과 가치를 효과적으로 전달하며, 대중과의 심리적 거리를 좁히는 데 기여할 수 있다.

> **TIP 변화와 혁신을 강조하고 싶다면**
>
> ✦ **첨단 기술 활용**
> 패션에 첨단 기술이나 새로운 소재를 적극적으로 반영하자. 스마트 워치나 첨단 소재로 만든 의상을 활용해 혁신적인 이미지를 더 부각할 수 있다.
>
> ✦ **전통과의 결합**
> 트렌디한 아이템을 사용하는 것도 중요하지만, 전통적인 요소를 적절히 결합하는 것도 필요하다. 혁신만 추구하다보면 대중과 거리가 멀어질 수도 있다.

알아두면 유용한 패션 상식

옷잘입는 프로들의 스타일 공식

팀 쿡/ Apple CEO

2024년 애플 신제품 발표회에서 팀 쿡(Tim Cook)은 다크 네이비 슈트와 화이트 셔츠, 네이비 타이를 매치해 미니멀하면서도 세련된 이미지를 선보였다. 미니멀리즘 스타일은 불필요한 요소를 제거하고 깔끔하면서 세련된 이미지를 만드는 데 중점을 둔다. 고급 소재와 단순한 디자인, 절제된 색상 팔레트를 사용하는 것이 특징이다. 이 스타일은 전문성과 신뢰감을 강조하는 리더에게 적합하다.

▶ **슈트** 다크 네이비, 차콜 그레이, 블랙 같은 기본 색상의 슬림 핏 슈트를 선택한다.

▶ **셔츠와 타이** 화이트나 라이트 블루 셔츠에 솔리드 컬러 또는 미니멀한 패턴의 타이를 매치한다.

▶ **액세서리** 최소한의 액세서리를 사용하되, 고급스러운 시계나 심플한 커프스 버튼을 선택한다.

▶ **셔츠** 셔츠의 칼라(깃) 부분이 넓게 벌어진 와이드 스프레드 스타일의 셔츠로 차별화한다. 칼라 끝이 일반적인 셔츠보다 더 넓게 떨어져 있어 넥타이 매듭이 크게 보이거나, 넥타이를 매지 않더라도 깔끔하고 세련된 느낌을 준다. 주로 포멀한 자리나 비즈니스 캐주얼 룩에 모두 어울린다.

구광모 / LG Group Chairman

2024년 6월 실리콘밸리에서 구광모 회장은 포멀하면서도 깔끔한 비즈니스 캐주얼 스타일을 선보였다. 절제된 리더의 스타일은 고급 소재와 정교한 디자인, 그리고 체형에 어울리는 맞춤형 핏을 강조한다. 세련된 색상 매치와 깔끔한 옷차림을 통해 단정하면서도 신뢰감 있는 이미지를 형성한다. 이는 높은 신뢰도와 품격을 보여주려는 리더에게 적합하다.

리드 헤이스팅스 / Netflix CEO

2024년 넷플릭스 주주총회에서 라이트 블루 셔츠와 다크 블레이저, 치노 팬츠를 입어 편안하면서도 프로페셔널한 이미지를 강조했다. 리드 헤이스팅스(Reed Hastings)는 편안한 스타일과 프로페셔널한 요소를 결합한 스타일은 공식적 자리와 일상에서 모두 활용할 수 있는 옷차림을 지향한다. 비즈니스 캐주얼 룩이 대표적이며, 세련된 소재와 편안한 핏을 강조한다. 이는 친근한 이미지를 선호하는 리더에게 적합하다.

셔츠 라이트 블루, 화이트, 소프트 핑크 등의 셔츠를 선택한다.

재킷 블레이저나 경량 재킷을 추가해 프로페셔널한 느낌을 더한다.

바지 다크 데님이나 치노 팬츠를 매치해 편안함을 유지한다.

셔츠 깔끔한 화이트 셔츠로 클래식하고 세련된 이미지를 연출한다. 이는 비즈니스 미팅이나 공식적인 자리에서의 기본 선택이다.

넥타이 슈트와 같은 계열인 네이비컬러의 넥타이를 선택해 셔츠와 슈트의 조화를 이뤘다. 자연스러우면서도 무게감을 더해주는 역할을 한다.

재킷 딥 네이비 슈트를 입어 클래식한 이미지를 강조했다. 슈트의 어두운 톤은 격식과 차분함을 상징하며, 특히 공식적인 자리에서 많이 선호된다.

바지 재킷과 동일한 색상의 바지를 매치해 깔끔하고 일관된 스타일을 유지한다.

이재용 / Samsung Group Chairman

이재용 회장은 2024년 프랑스 리옹에서 열린 국제기능올림픽 폐막식에 참석해 클래식한 화이트 셔츠와 다크 네이비 슈트, 네이비 톤의 넥타이로 격식 있는 스타일을 선보였다. 차분하고 우아한 느낌을 주며, 신뢰감과 프로페셔널한 이미지를 동시에 연출한다. 전통적인 비즈니스 캐주얼에서 조금 더 현대적인 터치를 더한 스타일이다.

금요일 캐주얼 데이 스타일링

마크 저커버그
메타 CEO 마크 저커버그는 일상적이고 심플한 패션으로 유명하며, 그만의 독특한 스타일을 통해 전문성과 편안함을 동시에 보여준다.

상의 하의와 쉽게 매치될 수 있는 아이템인 회색 티셔츠를 즐겨 입는다. 불필요한 선택을 줄이고 업무에 집중하는 철학을 반영한 동시에 어디서든 캐주얼한 멋을 연출한다. 이외에 후디를 자주 입는 것으로 유명하다.

하의 주로 다크 워시 청바지를 입는데, 깔끔하면서도 자유로운 느낌을 준다.

신발 평소 나이키나 아디다스 같은 운동화를 선호하며 캔버스 스니커즈 등 고전적인 스타일도 자주 신는다. 페니 로퍼도 가끔 착용하는데, 이 신발은 편안함과 스타일을 동시에 잡을 수 있는 아이템이다.

에번 스피겔
스냅챗 CEO 에번 스피겔(Evan Spiegel)은 캐주얼하면서도 세련된 스타일로 유명하다. 그의 스타일은 단순하지만 정제된 느낌을 준다.

상의 세련된 룩을 완성해주는 슬림 핏의 니트를 주로 활용한다. 또한, 캐주얼 셔츠를 입어 편안하면서도 단정한 인상을 준다. 가끔 폴로셔츠를 선택하면 단정한 느낌을 줄 수 있다.

하의 다크 워시슬림 핏 청바지는 편안하면서도 세련된 인상을 준다. 가볍고 격식을 갖춘 느낌을 주기 위해 면직물로 만든 치노 팬츠를 종종 활용한다.

신발 에번 스피겔은 깔끔한 디자인의 스니커즈를 신는다. 편하면서 세련된 느낌을 선호하는 편이다. 간혹 로퍼를 신어 포멀한 느낌도 함께 연출한다.

대니얼 에크
스포티파이 CEO 대니얼 에크(Daniel Ek)는 편안하면서도 세련된 캐주얼 스타일로 유명하다. 그의 스타일은 심플하면서도 트렌디하다.

상의 심플한 디자인의 기본 티셔츠를 자주 입으며, 이는 다양한 하의와 잘 어울린다. 중요한 회의가 있을 때는 버튼다운 셔츠를 선택해 좀 더 단정한 인상을 준다.

하의 주로 다크 워시나 블랙 청바지를 입으며, 이는 깔끔한 인상을 준다. 가끔 치노 팬츠를 선택해 캐주얼하면서도 단정한 느낌을 연출한다.

신발 주로 스니커즈를 신는데, 이는 편안하면서도 스타일리시한 선택이다. 쌀쌀한 날씨에는 부츠를 선택해 좀 더 따뜻하고 트렌디한 느낌을 준다.

휘트니 울프 허드

범블 창업자 휘트니 울프 허드(Whitney Wolfe Herd)는 트렌디하면서도 편안한 스타일을 자주 선보이며, 젊고 역동적인 이미지를 패션에 잘 반영한다. 실용적이면서도 세련된 요소를 조화롭게 담아낸 스타일이 특징이다.

상의 심플한 실루엣을 유지하면서도 트렌디한 요소를 더해 감각적인 블라우스를 입는다. 주로 뉴트럴 톤이나 파스텔 계열을 활용해 부드러운 이미지를 강조한다. 재킷을 입을 때도 슬림한 핏을 강조하며, 가벼운 소재로 캐주얼함을 더한다.

신발 지나치게 높은 굽보다는 중간 굽의 힐을 신는다. 이는 활동성을 고려한 선택으로, 그의 세련된 이미지와 맞아떨어진다. 캐주얼한 스타일에 스니커즈도 자주 매치한다. 심플한 디자인이지만 세련된 무드를 잃지 않는 클래식한 스니커즈로 편안함을 더한다. 다크 컬러의 앵클부츠는 슬림한 핏의 바지나 스커트와 매치해 스타일을 완성하는데, 트렌디하면서도 실용적인 선택이다.

하의 몸에 딱 맞는 슬랙스보다는 여유 있는 핏의 슬랙스를 자주 입는다. 허리선이 높은 슬랙스나 와이드 팬츠를 선택해 세련되면서도 편안한 느낌을 강조한다. 캐주얼한 금요일 룩으로는 세미 와이드나 스트레이트 핏의 청바지를 자주 선택한다.

For Woman

에밀리 와이스

글로시에 창립자 에밀리 와이스(Emily Weiss)는 미니멀리즘을 바탕으로 프로페셔널하면서도 트렌디한 이미지를 구축한다. 심플한 디자인을 선호하면서도 디테일과 소재에 신경 써서 고급스러운 스타일을 완성한다.

상의 부드러운 소재의 니트를 선택해 여성스러운 실루엣을 강조한다. 슬림 핏의 니트는 심플하지만 스타일리시한 느낌을 주며, 주로 뉴트럴 톤이나 소프트한 컬러를 선택해 고급스러운 느낌을 더한다. 블라우스 실크나 시폰 같은 고급스러운 소재의 블라우스를 자주 선택한다.

하의 심플한 블랙 슬랙스부터 체크패턴이나 밝은 톤의 슬랙스까지 다양하게 선택한다. 허리 라인이 강조된 슬림 핏이나 와이드 핏을 선호한다. 프로페셔널하면서도 감각적으로 만들어준다.

신발 편안하면서 세련된 플랫 슈즈를 자주 선택한다. 심플하지만 고급스러운 소재나 디테일이 돋보이는 플랫 슈즈로, 캐주얼하면서 트렌디한 스타일을 완성한다. 힐은 중간 굽이나 낮은 굽을 선호한다.

업종별 임원으로 승진했을 때의 옷차림

순다르 피차이 — 구글 CEO

— IT 업계
공식 발표 및 대중 앞에서의 모습
스타일 팁 순다르 피차이(Sundar Pichai)는 자주 스마트한 캐주얼 복장을 선택하며, 때때로 블레이저와 깔끔한 셔츠를 착용해 전문적이면서도 접근하기 쉬운 이미지를 만든다.

— 법률업계
법정 출석 및 공식 행사
스타일 팁 아말 클루니(Amal Clooney)는 전문적이면서도 우아한 스타일을 선호한다. 고품질 슈트와 솔리드 컬러의 드레스로 권위 있는 이미지를 효과적으로 표현한다.

아말 클루니 — 인권 변호사

메리 배라 — 제너럴 모터스(GM) 회장 겸 CEO

— 대기업
다양한 공식 행사와 비즈니스 회의에서의 모습
스타일 팁 메리 배라(Mary Barra)는 대체로 맞춤형 슈트를 선호하며, 중립적 색상을 선택해 권위 있고 전문적인 이미지를 유지한다. 비즈니스 정장 위에 진주 목걸이 등의 우아한 액세서리를 더해 개성을 표현하기도 한다.

크리스틴 라가르드 — 유럽중앙은행(ECB) 총재

— 금융업계
공식 회의 및 국제 무대 출연
스타일 팁 크리스틴 라가르드(Christine Lagarde)는 자신감을 드러내는 정장과 스카프를 활용해서 스타일리시하면서도 전문성을 강조한다. 그는 세련되면서도 신뢰감을 줄 수 있는 중립적 색상을 자주 사용한다.

프레젠테이션할 때 프로처럼 보이는 패션 TIP

스티브 잡스
애플 공동 창립자

── 심플함의 힘
스티브 잡스(Steve Jobs)는 애플 제품 발표에서 일관되게 검은 터틀넥과 청바지, 그리고 운동화를 착용했다.
스타일 팁 잡스의 심플한 옷차림은 그의 프레젠테이션 스타일과 완벽하게 조화를 이루었다. 복잡하지 않은 복장은 관객이 그의 말과 제품에 집중하게 만들었다. 프레젠테이션을 할 때는 복잡한 패턴이나 색상보다는 단순하고 깔끔한 복장을 선택해야 한다.

── 세련된 비즈니스 캐주얼
셰릴 샌드버그(Sheyl Sandberg)는 공식적 자리에서 주로 세련된 비즈니스 캐주얼을 착용한다.
스타일 팁 비즈니스 캐주얼은 프레젠테이션에서 전문성을 유지하면서 접근성을 높일 수 있는 좋은 방법이다. 깔끔한 블라우스나 단정한 슬랙스를 선택하라. 너무 무거운 장식은 피하고, 최소한의 액세서리로 포인트를 주는 게 좋다.

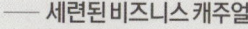

셰릴 샌드버그
메타 플랫폼스 최고운영책임자

사티아 나델라
마이크로소프트 CEO

── 깔끔&모던 스타일의 정석
사티아 나델라(Satya Nadella)는 프로페셔널함과 혁신적 감각을 조합해 캐주얼한 룩을 선보인다.
스타일 팁 주로 검정색이나 네이비, 그레이 같은 중성적인 색상의 옷을 입는데, 이러한 색상들은 안정적이고 세련된 인상을 주며 그가 발표하는 내용에 무게감을 더한다. 화려한 패턴이나 지나치게 눈에 띄는 스타일 대신, 심플하고 깔끔한 옷을 선택해 청중의 시선을 자신이 전하는 메시지에 집중하게 만드는 것이 특징이다.

plus TIP

❶ 액세서리 최소화
프레젠테이션 중에는 시계나 심플한 보석류만 착용하라. 너무 많은 액세서리는 관객의 주의를 산만하게 할 수 있다.

❷ 편안함 유지
불편한 복장은 불안해 보일 수 있다. 편안하고 잘 맞는 옷을 선택해 자신감을 표현하라.

❸ 신발 선택
편안하고 의상에 어울리는 신발을 착용하라. 신발은 패션의 전체 인상을 완성하는 중요한 요소다.

낯선 스탠딩 파티에서의 옷차림

THEMA 1

Business Networking Party

이런 자리는 주로 비즈니스 관계를 강화하고, 새로운 사람들을 만나는 기회다. 따라서 첫인상이 매우 중요하므로 깔끔하고 단정한 포멀 스타일을 유지하는 것이 좋다.

Woman

원피스 단정한 원피스를 선택하라. 무릎길이 정도의 포멀한 원피스가 적당하다.

블라우스와 스커트 블라우스와 스커트를 매치할 경우, 고급스럽고 세련된 색상을 선택해 단정하게 보일 수 있다.

신발 적당한 높이의 하이힐이 좋다. 하이힐이 불편하다면 낮은 굽의 힐도 가능하다.

액세서리 심플한 디자인의 귀걸이와 팔찌로 포인트를 줄 수 있다.

Man

정장 네이비, 그레이 또는 블랙 정장을 착용하자. 너무 화려한 색상보다는 클래식한 색상을 고르면 세련된 느낌을 줄 수 있다.

셔츠 기본적인 화이트 셔츠가 가장 무난하다. 혹은 라이트 블루도 좋은 선택이다.

타이 타이는 패턴이 많지 않고 단색에 가까운 것이 좋다. 너무 과감한 무늬는 피하는 것이 안전하다.

신발 깨끗하게 관리된 블랙 옥스퍼드 슈즈가 가장 적합하다.

Woman

니트 블라우스 스타일리시한 니트 블라우스는 가볍고 활동성이 좋은 선택이다.
슬랙스 깔끔한 라인의 슬랙스는 캐주얼하면서도 단정한 인상을 준다.
플랫 슈즈 하이힐이 부담스럽다면 세련된 플랫 슈즈나 낮은 힐을 신어도 좋다.

THEMA 2
Casual Social Party

이 경우 좀 더 가벼운 분위기이므로 스마트 캐주얼을 선택하면 된다. 편안하면서도 지나치게 캐주얼하지 않은 스타일을 고르는 것이 핵심이다.

Man

블레이저 깔끔하고 중립적인 색상의 블레이저는 격식을 차리면서도 너무 딱딱하지 않게 보일 수 있다.
폴로셔츠 또는 셔츠 폴로셔츠나 깔끔한 셔츠는 편안하면서도 단정한 인상을 준다.
치노 팬츠 베이지, 네이비 등의 색상으로 정돈된 느낌을 줄 수 있다.
신발 로퍼나 세련된 드레스 스니커즈가 무난하다.

Style Statements

직장인이 쉽게 따라 할 수 있는 코디법
당신의 스타일 스토리

✌ 패션 롤 모델 설정하기
업계에서 패션을 잘 활용하는 리더를 롤 모델로 삼아라. 각 롤 모델의 스타일을 관찰해보자. 이들이 어떻게 옷을 입는지, 어떤 아이템을 자주 사용하는지 분석하는 것이다. 이 중 자신의 체형과 피부색에 가장 유사한 롤 모델을 골라 그들의 스타일을 벤치마킹하자.

✌ 자신의 체형에 맞는 핏 찾기
체형에 따라 잘 어울리는 옷의 핏은 각각 다르다. 예를 들어 어깨가 넓다면 각진 어깨선을 강조하는 재킷을, 키가 크지 않다면 발목이 드러나는 슬랙스 같은 아이템을 활용해보자. 이러한 작은 디테일이 전체 실루엣을 크게 개선한다.

✌ 직장인의 기본 아이템
아침마다 고민하는 시간은 줄이고, 항상 깔끔하게 보일 수 있는 기본 아이템을 갖춰라. 깨끗한 화이트 셔츠, 잘 맞는 슬랙스, 차분한 톤의 재킷 등은 어디에나 활용할 수 있다. 여기에 포인트 액세서리나 패턴이 들어간 아이템을 더해 개성을 표현해보자.

✌ 너무 많은 유행을 따르지 말 것
유행은 빠르게 변한다. 클래식한 아이템을 중심으로 코디하고, 트렌드는 액세서리나 소소한 디테일로 반영하는 것이 좋다.

✌ 계절감과 TPO 고려하기
계절에 맞는 소재와 색상을 선택하고, 회의 및 사내 행사 등 상황에 맞게 옷 입는 센스를 기르자.

Style Statements

리더처럼 기억되는 패션 법칙
"당신만의 시그너처를 만들어라"

패션은 단순히 옷을 입는 것 이상의 의미를 담고 있다. 특히 직장인에게 패션은 개인의 이미지를 결정짓는 중요한 요소다. 여기서 핵심은 '리더십 있는 스타일'을 만드는 것이다. 그러기 위해선 몇 가지 패션 법칙을 기억해야 한다.

✌ 균형을 지켜라
옷의 핏, 색상, 소재 등의 균형을 맞추는 것이 중요하다. 너무 과하지 않으면서도 돋보이게, 그렇다고 단조롭지도 않게 입는 것이 핵심이다. 예를 들어 핏이 잘 맞는 기본 아이템에 액세서리로 포인트를 주는 식이다.

✌ 자신만의 시그너처 아이템을 찾아라
리더는 자신만의 스타일을 지니고 있다. 예를 들어 스티브 잡스는 검은 터틀넥과 청바지, 안경이 그의 시그너처였다. 직장인이라면 특정 패턴의 넥타이, 독특한 시계, 클래식한 구두 같은 아이템을 자신의 시그너처로 삼을 수 있다.

✌ 컬러 전략을 세워라
컬러는 메시지를 전달하는 강력한 도구다. 중요한 회의나 프레젠테이션에서는 신뢰를 주는 네이비나 그레이를, 창의성이 강조되는 자리에서는 밝은 컬러를 포인트로 선택해보자.

패션 명언

1. Coco Chanel 코코 샤넬
Dress shabbily and they remember the dress; dress impeccably and they remember the woman.

초라하게 입으면 옷만 기억하지만, 완벽하게 입으면 그 사람을 기억한다.

- 적용: 직장인에게 깔끔하고 단정한 옷차림은 개인의 전문성과 신뢰도를 높이는 중요한 요소다.
- 출처: Chanel, Charles-Roux, Edmonde (2005). Chanel and Her World: Friends, Fashion, and Fame. Paris: Flammarion.

2. Ralph Lauren 랄프 로렌
Fashion is not necessarily about labels. It's not about brands. It's about something else that comes from within you.

패션은 반드시 라벨이나 브랜드에 관한 것이 아니다. 그것은 당신 내면에서 나오는 무언가에 관한 것이다.

- 적용: 개인의 개성과 자신감을 표현하는 것이 중요하며, 이는 브랜드보다 중요한 패션 요소다.
- 출처: Lauren, Ralph (2007). Ralph Lauren. New York: Rizzoli.N.

3. Giorgio Armani 조르지오 아르마니
The difference between style and fashion is quality.

스타일과 패션의 차이는 품질이다.

- 적용: 직장인이 고품질 옷을 선택하는 것은 좀 더 나은 인상을 주고, 신뢰감을 형성하는 데 도움을 준다.
- 출처: Armani, Giorgio (2015). Giorgio Armani: 40 Years of Evolution. Milan: Rizzoli.

4. Mark Twain 마크 트웨인
Clothes make the man. Naked people have little or no influence on society.

옷이 사람을 만든다. 벌거벗은 사람들은 사회에 거의 또는 전혀 영향을 미치지 못한다.

- 적용: 적절한 옷차림은 사회적 지위와 영향력을 나타내며, 특히 직장에서 중요한 역할을 한다.
- 출처: Ford, Tom (2004). Tom Ford. New York: Rizzoli.

5. Bill Cunningham 빌 커닝햄
Dress shabbily and they remember the dress; dress impeccably and they remember the woman.

패션은 일상생활의 현실을 견디기 위한 갑옷이다.

- 적용: 옷차림은 직장인이 일상에서 자신감을 가지고 도전에 맞서 싸울 수 있도록 도와주는 중요한 요소다.
- 출처: Cunningham, Bill (2016). Bill Cunningham: On the Street: Five Decades of Iconic Photography. New York: Clarkson Potter.

6. Tom Ford 톰 포드
Dressing well is a form of good manners.

잘 차려입는 것은 좋은 매너의 한 형태다.

- 적용: 직장인이 정중하고 프로페셔널하게 보이기 위해 신경 써서 옷을 입는 것은 직장 내에서 예의를 표현하는 방법이다.
- 출처: Ford, Tom (2004). Tom Ford. New York: Rizzoli.

참고문헌

- Bellezza, S., Gino, F., & Keinan, A. (2014). The red sneakers effect: Inferring status and competence from signals of nonconformity. Journal of Consumer Research, 41(1), 35-54.
- Britain's Best Guides. (2020). Seven fashion secrets of the Cabinet War Rooms. Britain's Best Guides.
- Espejon, J. (2017). Fidel Castro: The unlikely brand ambassador. Scout Magazine.
- Evalds, V. (2014). The First Lady Wore No Ornament: Grace Coolidge and Her Clothes. Dress, 40(1), 1-14.
- Fisher, L. (2022). The most iconic Hillary Clinton outfits of all time. Who What Wear.
- Forrest, M. (2018). Trudeau family criticized for wearing 'over-the-top' Indian outfits during official trip. Global News.
- Fowler, B. (2023). Kamala Harris rewears her viral tan suit at the 2024 DNC. Marie Claire.
- Gino, F., & Norton, M. I. (2014). The red sneakers effect: Inferring status and competence from signals of nonconformity. Journal of Consumer Research, 41(1), 35-54.
- Goncalves, C. (2022). Nancy Pelosi's style statements through the years. Meaww.
- Kim, Y. S., Kim, J. H., & Jun, Y. S. (2012). A study on fashion images according to the types of the Korean First Ladies. Journal of the Korean Society of Clothing and Textiles, 36(9), 1000-1013.
- Kennedy, M. (2016). Fidel Castro: From fatigues to tracksuits. The World.
- King, J. (2024). The major fashion moments from night 1 of the 2024 Democratic National Convention. Queerty.
- Lee, J. (2015). '구글, 메르켈 패션 검색 1위'… 정치인 패션도 경쟁력. Chosun Ilbo.
- Lee, M. S. (2012). A study on the fashion image of female politicians in Korea: Focusing on the characteristics of colors and color combination images. Journal of the Korean Society of Design Culture, Chonnam National University, Human Ecology Research Institute.
- Ng, K. (2023). Finland PM Sanna Marin's blazer photo sparks sexism row. The Independent.
- Park, J., & Kang, J. (2020). Analysis of the design characteristics of upcycling fashion. Archives of Design Research, 33(1), 55-70.
- Sherman, P. (2021). Style lessons from Joe Biden. Dandelion Chandelier.
- Sini, R. (2017). Why Donald Trump's suits fit so badly – three reasons why the US president dresses like this. The Independent.
- Sini, R. (2019). Why does Donald Trump wear such long ties? The Independent.
- Singh, S. (2023). The politics of fashion: An exploration of clothing's complex role as the fabric of our socio-political existence. The Yale Globalist.
- Sullivan, D. G., & Masters, R. D. (1988). Happy warriors: Leaders' facial displays, viewers' emotions, and political support. American Journal of Political Science, 32(2), 345-368.
- Taylor, A. (2013). The 13 worst-dressed US politicians. Business Insider India.
- Wowplus. (2020). Jill Biden's dazzling dress steals the spotlight at the Democratic National Convention. Wowplus.
- Cheong Wa Dae. (n.d.). 대통령 이야기. Cheong Wa Dae.

Epilogue

패션의 힘을 통한 메시지와 성공 여정

리더를 대상으로 '패션' 관련 강의를 할 때마다 강조하는 철학이 있다. 바로 '리더의 스타일은 30년 후에 봐도 부끄럽지 않아야 한다'는 것이다. 패션은 단순한 옷차림을 넘어 삶과 일, 그리고 우리가 전하고자 하는 메시지에 지대한 영향을 미치는 함축적 표현이다. 이 책을 통해 우리는 정치인의 패션 선택이 어떻게 대중의 심리에 영향을 미치고, 정치적 메시지를 강화하며, 자신을 표현하는 도구로 사용되는지 살펴봤다. 그들의 옷차림은 단순한 스타일 선택을 넘어 때로는 정치적 전략의 일환으로, 때로는 대중과의 소통을 위한 수단으로 활용된다.

'MAGA'라고 적힌 트럼프의 붉은 모자부터 카멀라 해리스의 남색 테일러드 슈트, 그리고 푸틴의 블레임 룩부터 질 바이든의 'VOTE' 드레스 등 각기 다른 정치인이 보여준 패션의 힘은 강력했다. 이들은 옷차림을 통해 자신의 정책과 철학을 표현하고, 대중과의 소통을 극대화하며, 자신의 이미지를 강화했다. 이러한 사례들은 패션이 단순한 외모를 넘어 중요한 전략적 도구로 사용될 수 있음을 보여준다.

또한 젠슨 황의 블랙 가죽 재킷은 그의 리더십과 엔비디아의 혁신적 가치를 시각적으로 표현하는 데 중요한 역할을 했다. 이 역시 단순한 스타일 선택을 넘어 기업의 방향성과 가치를 대중에게 명확하게 전달하는 도구로 작용했다.

일상 속에서도 패션은 중요한 역할을 한다. 적절한 옷차림은 자신감을 부여하고, 전문성을 표현하며, 회사 문화와 조화를 이루는 중요한 요소로 작용한다. 이를 통해 우리는 동료들과의 협력을 강화하고, 긍정적인 인상을 남길 수 있다. 패션은 우리의 자아 표현과 브랜딩에 기여하며, 이는 업무 성과를 향상시키는 데 중요한 역할을 한다.

이 책은 패션의 힘이 정치적 결정이나 성공적 사회생활에 어떻게 영향을 미치는지 탐구하며, 각각의 사례가 특정 상황에서 어떻게 효과적으로 활용되었는지를 소개했다. 정치인의 옷차림부터 글로벌 리더의 파워 드레싱, 그리고 일상 속 직장인의 스타일링 팁까지, 다양한 패션 이야기를 통해 우리는 패션이 지닌 힘을 느낄 수 있었다.

패션은 단순한 선택이 아니다. 우리 생각을 시각적으로 표현하고, 대중과 소통하며, 자신을 브랜딩하는 강력한 도구다. 우리는 이 책을 통해 패션의 힘을 다시 한번 되새기며, 삶과 일상 속에서 그 힘을 어떻게 활용할 수 있을지 고민해볼 수 있다.

여러분도 이제 자신만의 스타일을 통해 리더십을 표현하고, 자신감을 부여하며, 성공적 삶을 만들어나가길 바란다. 패션은 당신의 가장 가까운 동반자가 될 것이다. 여러분이 선택한 패션으로 타인은 여러분을 이해하고 판단할 수 있다. 패션은 바로 우리 자신의 '섬네일'이기 때문이다.

미 대선 판도까지 흔든 스타일링 경쟁력

성공하는 사람들의 옷차림

펴낸 날	초판 발행　2024년 11월 26일
발행인	김정호
편집인	하영춘
펴낸 곳	한국경제신문
지은이	박영실
기획·제작 총괄	이선정
편집	이성진·이민희
디자인	박명규·송영·표자영·김지은·남소현·정다운
판매·유통	정갑철·선상헌·조종현
인쇄	제이엠프린팅
등록	제 2006-000008호
주소	서울시 중구 청파로 463 한국경제신문
구입 문의	02-360-4859
홈페이지	www.hankyung.com
이메일	mook@hankyung.com

값 20,000원
ISBN | 978-89-475-0123-1(93320)

- 잘못 만들어진 책은 구입하신 곳에서 교환해드립니다.
- 이 책은 저작권법에 따라 보호받는 저작물이므로 무단 전재와 복제를 금합니다.